LETTRES
CRITIQUES
SUR LA
NOUVELLE EDITION
DES
OEUVRES
DE
VILLON,

FAITE A' PARIS, EN M. DCC. XXIII.

TROISIEME
PARTIE.

III. Partie.   a

LETTRE CRITIQUE
SUR LA
NOUVELLE EDITION
DES
POESIES
DE
VILLON (*).

L'AMOUR, que j'ai pour l'ancienne Poësie, m'avoit, Messieurs, fait lire avec beaucoup de Plaisir votre Annonce du *Mercure* du Mois de Juillet de l'Année derniere pour la nouvelle Edition des *Poësies* de FRANÇOIS VILLON, pour lequel j'avois conçu beaucoup d'Estime. Mr. Boileau, dans son *Art Poëtique*, m'avoit prévenu en sa Faveur. Il lui attribue l'Honneur

D'avoir sçû le prémier, dans des Siécles grossiers,
Débrouiller l'Art confus de nos vieux Romanciers.

JE n'entre point dans l'Examen, si Mr. Boileau

(*) C'est-à-dire, celle de Paris, chés Antoine-Urbain Coutelier, en 1723, in Octavo. Cette Lettre Critique est tirée du Mercure de France, Février M. DCC. XXIV., pages 189—197; & est accompagnée ici de quelques Notes du nouvel Editeur de Villon.

a dû placer VILLON le prémier en Ordre de Date; vû que nous avons entre les Mains des Ouvrages affez bons de différens Poëtes plus anciens que VILLON, qui certainement a vécu fous nos Rois Charles VII & Louïs XI. Je viens à la nouvelle Edition des Oeuvres de cet Auteur. Je l'ai trouvée conforme à ce que vous en aviés promis de la Part du Libraire. Le Caractere eft beau & net, le Papier bon; &, en général, tout eft correct. Les *Nottes*, qui font partie de cette nouvelle Edition, fortent, felon vous, d'une bonne Main, & doivent, en éclairciffant les Paffages obfcurs, nous expofer le Sens véritable de l'Auteur; donner l'Explication des Mots, ou trop anciens, ou hors d'Ufage; éclaircir les Conftructions difficiles, & coupées; en un mot, guider le Lecteur de façon, qu'à la prémiere Vûe, il comprenne facilement ce que notre Poëte a voulu exprimer. Il s'en faut bien que celui, qui a rangé les *Nottes*, ait rempli fes Devoirs. J'en prendrai feulement quelques-unes au hazard, tellement vicieufes, qu'elles donnent des Définitions fauffes, prennent le Contre-Sens de ce que l'Auteur dit clairement, ou changent des Verbes en Noms fubftantifs, au Préjudice des Regles de la Grammaire les plus triviales. La Preuve de ce que j'avance fera complette, en rapportant le *Texte* de l'Auteur, & les *Nottes* mifes au bas des Pages. Je commence par la Page 80 (*), où l'Auteur dit:

> *Car or foyes Porteur de Bulles,*
> *Pipeur, ou hézardeur de Dez,*
> *Tailleur de faulx Coings, tu te bruſles,*
> *Comme ceux qui font efchaudez;*

Tra-

(*) *Dans la préfente Edition, c'eft* Pages 162, 163.

Trahiſtres pervers, de foy vuidez,
Soyes larron, ravis, ou pilles,
Ou en va l'acqueſt que cuydez ?
Tout aux Tavernes & aux Filles.

Les Nottes expliquent le Mot *ravis*, par *Raviſſeurs* ou *Voleurs* ; & le Mot *pilles*, par *Pillards*. Tout Lecteur, qui ſçait conjuguer, voit clairement, que ces deux Mots ſont l'Impératif des Verbes *ravir* & *piller*, ſans qu'il ſoit beſoin de Remarques. Je ne ſçais ſi c'eſt à l'Auteur des Nottes, qui vraiſemblablement a veillé ſur l'Edition, que l'on doit attribuer la Ponctuation mal placée entre le quatrieme & le cinquieme Vers, qui, par le Sens, ſont liés enſemble.

Trahiſtres pervers, de foy vuidez,

ſe rapporte, ſans contredit, à ceux qui ſont *eſchaudez* pour Punition du Crime de Fauſſe-Monnoie, comme il eſt expliqué dans la Notte numero 2 de la même Page (*). Ainſi, le Point & la Virgule ne doivent être placés qu'à la Fin du cinquieme Vers.

Voici une Notte d'une autre Eſpece, à la Page 81, N°. 3, ſixieme Vers de la III Strophe (†). L'Auteur dit :

Mais, ſi Chanvre broyes, ou tilles.

La Notte nous apprend, que *tiller* du Chanvre, c'eſt tirer en broyant : *Vellere à ſuâ Feſtucâ*. Rien n'eſt plus juſte que la Notte Latine : elle explique parfaitement bien l'Opération de *tiller* le Chanvre. Mais, le François, qui la précede, eſt abſolument faux. *Tiller* n'eſt point *tirer en broyant*. Tiller le Chanvre, & le *broyer*,

ſont

(*) Dans la préſente Edition, c'eſt Page 162, Note (1).
(†) Dans la préſente Edition, c'eſt Page 164, Note (1).

sont deux Préparations différentes du Chanvre pour le mettre en œuvre ; Préparations, qui ne dépendent point l'une de l'autre : & VILLON les a très bien distinguées dans le Vers en question. Pourquoi les confondre dans la Notte ? Qui *tille* le Chanvre ne le *broye* point. Qui *broye* le Chanvre ne le *tille* point. On *broye* avec un Instrument, de Bois seulement dans des Païs, garni de Fer dans d'autres. La Description exacte en seroit inutile ici. On *tille* avec les Doits, ou avec un petit Baton, pour soulager les Doits. Quand on veut parler des Métiers que l'on ne sait point, sans consulter les Gens du Métier même, on court risque de tomber dans l'Absurdité.

AUTRE Bévûe semblable sur le 2 Vers de la III Strophe de la Page 82 : la Notte est N°. 3 (*). VILLON dit :

Quand je considere ces Testes,
Entassées en ces Charniers.

La Notte nous apprend, que *Charnier* c'est le Lieu où l'on enterre, *Carnarium*. J'appelle de cette Définition devant tous les Curez de France, & leurs Fossoïeurs : & tous décideront, que le Lieu où l'on enterre, proprement dit, se nomme en François *Cimetiere*, ou *Cœmetiere*; & que les *Charniers, Carnarium*, sont des Bâtimens placés le plus ordinairement autour du Cimetiere, sous la Couverture desquels on range, à l'Abri des Injures du Tems, les Os qu'on déterre lorsque l'on fait des Fosses nouvelles : & c'est dans ces *Charniers*, que le Poëte *considere ces Testes entassées*. Il est vrai, que, dans quelques Paroisses de Paris, l'Abondance du Peuple a obligé de placer dans les *Charniers* des

Con-

―――――――――――――――――――
(*) *Dans la présente Edition, c'est* Page 167, Strophe I, Note (1).

Confeſſionaux; d'y bâtir des Autels, où l'on diſtribue la Communion au Peuple, ſur-tout pendant la Quinzaine de Pâques; en un mot, de faire ſervir les *Charniers* à d'autres Uſages que celui auquel ils ont été deſtinez dans leur Origine. On y enterre même quelque-fois, auſſi-bien que dans les Egliſes. Mais, cela n'empêche pas, que la Définition de la Notte ne ſoit fauſſe en elle-même.

Celle, que je vais raporter, donne préciſément le Contre-Sens du Poëte, dont les Vers ſont tels en la même Page 82 (*).

Ici n'y a ne ris ne jeu.
Que leur vault avoir eu chevances,
N'en grands lits de paremens geu,
N'engloutir vins en graſſes panſes,
Mener joye, feſtes, & danſes,
Et de ce preſt eſtre a toute heure (b) ?
Tantoſt faillent telles plaiſances,
Et la coulpe ſi en demeure.

La Notte ſous la Lettre (b) dit que *Et de ce preſt eſtre a toute heure* ſignifie *preſt de mourir*. Et moi, je ſoutiens, malgré la Notte, que ce ſixieme Vers ſe raporte au Vers précédent, & s'entend de ceux, qui ſont *preſts à toute heure de mener Joye, Feſtes, & Danſes.* Le Sens du Poëte eſt plus étendu & plus ſuivi. La Ponctuation même le fait comprendre, pour peu que l'on tâche lire. La Notte eſt forcée, & renferme un Contre-Sens (†).

Celle, qui eſt au-bas de la même Page 82 (§).

___

(*) *Dans la préſente Edition, c'eſt* Page 166.

(†) *La Critique eſt très-bien fondée, ſans doute : mais, cette* Lettre (b), *que l'Auteur cite, auroit dû lui faire ſentir, que cette* Cenſure *tomboit ſur* Marot, *& non point ſur le* Commentateur *de* 1723.

(§) *C'eſt-à-dire*, 166, Note (1).

sur les Lunettes & leur Origine, me paroit d'autant plus vague, que l'on n'y déclare point en quelle Année fut le Vendredi 19 Novembre, qui sert de Date à l'Acte du Parlement, où Nicolas de Baye Sieur du Gié, fut élû Greffier (*).

Que dirai-je de la Notte N°. 2. de la Page 84 (†), où l'on nous apprend, qu'un Eglantier est une Espece de Rosier ? Il falloit au moins ajouter Rosier sauvage. Au vrai, tout le Monde sçait, qu'un Eglantier est une Ronce, dont le Bois est vert & long. L'Epine, grosse dans sa Racine un peu platte & recourbée comme un Bec de Perroquet, s'accroche aisément aux Habits. Sa Fleur ressemble à une Rose simple. Son Fruit est rouge, & connu sous le Nom de Grate-Cul. Lors qu'il est mûr, on en fait une Conserve, qui est bonne pour arrêter le Flux de Ventre. Il se forme aussi sur son Bois une Espece de Noix couverte de Mousse, à laquelle le Vulgaire attribue la Vertu de guérir les Maux de Dents, en la portant simplement dans la Poche. A l'Ouverture de cette Noix, on y trouve quelquefois un petit Ver, d'autres fois un Moucheron, d'autres fois elle est vuide ; ce qui arrive aussi à la Pomme de Chesne. Je laisse aux Naturalistes à décider, si le Vuide, le Ver, ou le Moucheron, sont des Signes de Prognostications de Saisons à venir, ou simplement des Métamorphoses naturelles, telles qu'on en voit arriver au Ver-à-Soie, de façon que le Vuide se trouve lorsque l'Oeuf, qui doit produire l'Animal, se rencontre seul, si petit, qu'il est imperceptible ; lequel Oeuf, étant éclos, donne

(*) *Ce fut en* 1416. *Voiez le* Dict. Etymol. *de Ménage, pag.* 460. *Mais, selon* Fr. Redi, *les Lunettes etoient déjà connuës dès la Fin du XIII Siecle.* Journ. des Sçav., *Févr.* 1679, *page* 53.

(†) *Dans la présente Edition, c'est* Page 169.

Naissance à un Ver, qui ensuite se change en Moucheron.

Mais, je ne m'apperçois pas, que je m'écarte insensiblement du seul But que j'ai eu en commençant, qui étoit de montrer la Fausseté, & l'Inutilité, de la plûpart des Nottes ajoutées à la nouvelle Edition de notre ancien Poëte, agréable par lui-même, & digne de Lecture. Je pourrois encore en raporter plusieurs également vicieuses & imparfaites; mais, j'en ai déjà dit assez, & peut-être trop (*).

Je souhaite, que la nouvelle Edition du *Roman de la Rose*, dont vous avez flatté le Public, soit mieux conduite. Il y a bien des Endroits, qui demandent d'être éclaircis: & c'est à quoi les nouveaux Editeurs doivent travailler avec Application, en évitant de donner des Contre-Sens, ou d'expliquer mal ce qui est assez clair de soi-même, pendant qu'ils laissent régner l'Obscurité sur ce qu'il y a de plus difficile. C'est par cette Route, qu'ils recueilleront le Fruit de leurs Travaux, c'est-à-dire l'Approbation du Public.

Je suis, Messieurs, &c.

Ce 22. *Janvier* 1724 (‡).

(‡) La

(*) L'Auteur pêche fortement ici contre le Conseil, qu'il a donné depuis si judicieusement lui-même dans la seconde *Lettre* que j'indiquerai ci-dessous, de ne se rendre point *Imitateur ennuieux des Scholiastes Grecs ou Latins, qui ne laissent échapper* aucune Occasion *de faire Parade d'une vaine Science*. En effet, voilà toute une *Dissertation*, curieuse à la vérité, mais incomparablement plus propre à figurer dans un *Dictionaire d'Histoire Naturelle, de Botanique, ou de Médecine*, que dans un Commentaire Philologique, où il s'agissoit simplement de dire en deux Mots, que l'*Eglantier est un Rosier sauvage, dont la Fleur est une Rose simple, & dont le Fruit est rouge & se nomme Grate-Cul*.

(‡) Le Libraire qui débitoit cette Edition de Villon, ou fous fon Nom l'Auteur des *Notes* qui s'y trouvoient ajoutées, crut devoir répondre à cette judicieufe *Critique*, par une longue, mais foible, *Lettre*, inférée de même dans le *Mercure de France*, Avril 1724, pages 646-652, & dont tout l'Effenciel fe réduit précifément à ceci: *Vous ne rendez pas affez de Juftice à l'Auteur des* Notes *qui fe trouvent répandues dans le* Villon. *S'il étoit connu de vous, les Ouvrages importans qui font fortis de fa Plume, & fon Caractere refpectable, vous auroient fans doute déterminé à prendre plus de Ménagemens.* Mais, l'Auteur de la prémiere *Lettre* fe contenta de lui repliquer par une feconde, inférée pareillement dans le *Mercure de France*, Juillet 1724, pages 1535-1541: „ J'ai lu ... la *Réponfe*, que vous a-
„ vez prétendu faire à mes *Obfervations* fur les
„ *Notes* qui accompagnent votre derniere Edi-
„ tion de Villon. L'Auteur des *Notes* m'é-
„ tant inconnu, je ne crois pas avoir manqué
„ en rien à ce qui peut lui être dû, foit *par fon*
„ *Caractere refpectable*, foit *par les Ouvrages im-*
„ *portans, qui font fortis de fa Plume*. Je ferai
„ toujours très difpofé à lui rendre Juftice fur
„ tous ces Chapitres, fi-tôt que je les connoi-
„ trai: Je me renferme à continuer de dire,
„ que, fi l'on avoit retranché, des *Notes* en
„ queftion, celles qui font, ou vicieufes, ou
„ inutiles, le Cahier, qu'il vous avoit envoié,
„ fe feroit trouvé bien réduit; *n'y en aïant que*
„ quelques-unes de judicieufes & recherchées,
„ capables d'éclaircir les Paffages obfcurs de
„ l'Auteur, & d'inftruire agréablement le Lec-
„ teur en l'amufant. „

LETTRE

A

MONSIEUR DE ***,

En lui envoyant la nouvelle Edition

DES OEUVRES DE

FRANÇOIS VILLON (a).

JE vous ai vû, Monsieur, si épris des Beautez naturelles de la Poësie de VILLON, sur deux ou trois Pieces de sa Façon qui vous étoient tombées entre les Mains, que je crois ne pouvoir vous faire un Présent plus agréable, que celui de l'Edition nouvelle qu'on vient de donner des Oeuvres de cet ancien Poëte François.

Vous vous imaginiés, qu'il ne nous restoit de lui que ces deux ou trois Pieces qui vous avoient plû si fort : & vous regretiés, qu'un Auteur, qui avoit tant d'Agrément & de Gentil-

---

(a) *C'est-à-dire, celle de* Paris, chés Antoine-Urbain Coutelier, en 1723, in Octavo. *Cette Lettre est du Pere* DU CERCEAU, *Jésuite, selon le Pere* Niceron, *Mémoires pour servir à l'Histoire des Hommes illustres dans la République des Lettres, Tome V, page* 213 : *& cette Remarque, ainsi que toutes celles qui accompagnent cette Lettre, sont de l'Editeur de* 1742.

tillesse dans l'Esprit, & un si joli Badinage dans la Maniere de tourner les Choses, nous eût laissé si peu d'Ouvrages. Mais, voici de quoi vous consoler, dans le Volume que je vous envoïe. Vous y trouverez nombre de Pieces, qui vous sont inconnues, aussi-bien qu'à beaucoup d'autres. Vous y reconnoîtrez, dans toutes, ce Goût & cet Air naturel de Poësie, qui fait le Caractere particulier de Villon. Et vous sçaurez quelque Gré de sa Peine à celui qui nous donne cette nouvelle Edition des *Oeuvres de* VILLON: Edition la plus complete, qui ait encore paru de cet Auteur, & à laquelle on peut dire qu'il ne manque rien, pour la Beauté du Caractere & du Papier, de tout ce qui peut faire une Edition exquise.

CETTE Edition a été faite sur celle que CLÉMENT MAROT fit autrefois, pour plaire à François I, qui goûtoit fort les *Poësies de* VILLON. C'est un Témoignage qu'en rend Marot lui-même, & dans le Huitain qui est à la Tête du Livre, & encore sur la Fin de sa Préface. *Et me suffira*, dit-il, *que le Labeur, qu'en ce j'ai employé, soit agréable au Roy mon Souverain, qui est Cause & Motif de cette Emprise, & de l'Exécution d'icelle, pour l'avoir veu volontiers escouter, & par très bon Jugement estimer, plusieurs Passages des Oeuvres qui s'ensuivent.*

LE Goût, que Clément Marot avoit lui-même pour Villon, & sa Reconnoissance pour ce qu'il pouvoit avoir appris de lui dans ses Ouvrages, comme il l'avoue dans la même Préface, furent pour lui un second Motif d'en entreprendre l'Edition. Il ne faut qu'avoir lû Clément Marot, pour être convaincu, que Villon avoit été son prémier Maître; que c'étoit sur

les

les Ouvrages de celui-ci, qu'il s'étoit formé ; qu'il en avoit pris le Tour badin, & le Caractere enjoué ; & qu'il l'avoit même quelquefois copié de plus près qu'il ne semble qu'il soit permis. Vous en conviendrez vous-même, si vous voulez jetter les Yeux sur la *Requête de* VILLON *à Monseigneur de Bourbon*, page 100 de la nouvelle Edition (*a*). Vous y reconnoîtrez sans peine l'Original de la belle *Epître de* CLÉMENT MAROT *à François I*, lors qu'épuisé par une longue Maladie, & mis à sec par le Vol de son Valet, il eut recours à la Libéralité de ce grand Roi, pour rétablir ses Affaires (*b*). Villon avoit eu recours de même, dans son Besoin, au Duc de Bourbon, son Protecteur, & son Bien-Faicteur. Le Tour, que prit Villon, pour demander une Gratification à ce Prince, fut de le faire par Forme d'Emprunt à ne jamais rendre. Marot s'en servit depuis avec succès à l'égard de François I : &, quoique son *Epître* soit bien plus étenduë, & plus historiée, que la *Ballade* de Villon ; cependant, il est vrai de dire, que ces deux Pieces sont tout-à-fait sur le même Ton, & que c'est la *Ballade*, qui a produit l'*Epître*. On trouve, & dans cette *Epître*, & dans plusieurs autres Pieces de Clément Marot, jusqu'à des Vers presque entiers pris de Villon, ou du moins imitez de bien près. Mais, indépendamment de ces petits Traits de Ressemblance, il y en a infiniment pour la Tournûre & le Caractere du Génie, qui paroît le même

dans

(*a*) Page 204 de la I Partie de celle-ci.
(*b*) *Voïez cette* Epitre *dans l'Edition des* Oeuvres de Marot *de l'Abbé* Lenglet du Fresnoy, *Tome II, page 93 & suivantes.*

dans tous les deux. On trouve dans Villon le même Enjoûment, le même Badinage, & surtout cette Naïveté fine & délicate, qui plaît tant dans Marot, & qui le distingue si fort des autres Poëtes François, qu'elle a fondé dans la Poësie une Espece particuliere de Style, sous le Nom de *Style Marotique*. C'est le Nom qu'on donne au Style des Pieces qui sont composées dans le Goût de Marot. Mais, comme Marot lui-même avoit emprunté ce Style de Villon, & qu'il avoit formé son Goût sur celui de ce Poëte, son Prédécesseur en ce Genre: il faut convenir, si l'on veut rendre une Justice éxacte à ces deux Poëtes, que Villon est, pour ainsi dire, le prémier Inventeur de ce Style, auquel on n'a donné le Nom de *Marotique*, que parce que Marot étoit plus moderne, & ses Ouvrages plus connus, que ceux de Villon; & qu'ainsi, à le bien prendre, c'est Villon, & non Marot, qui est le prémier Modele de nos Poëtes Marotiques.

Feu Mr. Despreaux, si bon Juge en Matiere de Poësie, étendoit bien plus loin encore la Gloire de cet Auteur; puisqu'il le reconnoissoit pour celui, qui avoit tiré en quelque sorte notre Poësie hors de l'Enfance, & qui avoit commencé à y donner quelque Forme. C'est ce qu'il fait entendre par ces deux Vers de son *Art Poëtique*, Chant I:

Villon sçeut le prémier, dans ces Siecles grossiers,
Débrouiller l'Art confus de nos vieux Romanciers.

Il est aisé de se convaincre de l'Obscurité & de l'Art confus de ces vieux Poëtes, pour peu qu'on daigne jetter les Yeux sur ce qui nous reste

reste de Fragmens de ceux qui ont précédé Villon. C'est quelque chose de si brute, & pour la Versification, & pour la Langue, qu'on a de la peine à y reconnoître, ni Vers, ni Langage François.

Il faudroit mettre à part le *Roman de la Rose*, & l'excepter, dans ce que je dis de l'Etat de notre Poësie avant Villon, si ce Roman avoit été dans son Origine tel que nous l'avons aujourd'hui. Mais, outre les Changemens qu'y fit Clément Marot, en accommodant le vieux Langage de ce Roman à celui de son Tems, comme Etienne Pasquier en fait foi dans ses *Lettres*, Tome I (*), il est sûr, que Marot lui-même ne fut pas le prémier Réformateur du Style de ce Poëme. C'est ce qui se justifie par des Editions plus anciennes que celle de 1529, *in Octavo*, chés Galliot du Pré, laquelle on présume, avec Etienne Pasquier, avoir été celle qui fut retouchée par Clément Marot. La Remarque, que fait à cet égard le même Pasquier, *Recherches de la France*, Chapitre III du Livre VII (†), & qu'il applique en particulier au *Roman de la Rose*, est une nouvelle Preuve de ce que je dis. Voici ses Termes. *Ce qui nous ôte encore davantage la Connoissance de cette Ancienneté, c'est que s'il y eut un bon Livre composé par nos Ancêtres; lorsqu'il fut question de le transcrire, les Copistes le copioient, non selon la nayve Langue de l'Auteur, mais selon la leur. Je vous le représenterai. Par éxemple,*
entre

―――――――
(*) Page 86.
(†) Non pas Chapitre III du Livre VII, comme dit le Pere du Cerceau, mais Livre VIII, Chapitre III, dont il ne change pas moins l'Orthographe, que Marot le Langage du Roman.

entre les meilleurs Livres de nos Devanciers, je *fais état principalement du* Roman de la Rose. *Prenez-en une douzaine écrits à la Main : vous y trouverez autant de Diversité de vieux Mots, comme ils sont puisés de diverses Fontaines. J'a-joûterai*, poursuit-il, *que*, *comme notre Langue prenoit divers Plis, aussi chacun copiant changeoit l'ancien Langage à celui de son Temps* : & c'est dequoi il rapporte ensuite des Exemples qui sont sans Replique.

CLÉMENT MAROT ne suivit pas cette mauvaise Coutûme dans l'Edition qu'il donna des Oeuvres de FRANÇOIS VILLON. L'Estime, qu'il avoit pour les Productions de cet Auteur, le tint dans une grande Réserve à cet Egard : & il borna le Zele qu'il se sentoit pour Villon, & l'*Amour* qu'il avoit, comme il dit, pour *son gentil Entendement*, à débrouiller & à rétablir ses Oeuvres ; non sur ses Idées particulieres, & par des Changemens arbitraires, ou en y mettant du sien ; mais, *partie avec les vieux Imprimez*, *partie avec l'Aide des bons Vieillards qui en sçavoient par cœur*, *& partie*, quand il ne pouvoit mieux faire, *à deviner avec Jugement naturel.* De sorte que Marot ne se proposa pas de donner les *Poësies de* VILLON aussi correctes & aussi régulieres qu'elles eussent pû être si elles avoient été composées sous le Regne de François I, mais de les rétablir au plus près qu'il se pouvoit de l'Etat où elles étoient sorties de la Main de leur Auteur : & comme l'Edition présente (*a*) a été faite sur celle de Marot, nous pouvons nous flater d'avoir les *Oeuvres de* VIL-
LON,

_____
(*a*) *C'est-à-dire celle de* 1723.

LON, au naturel, & dans le meilleur Etat qu'il soit possible de les avoir (*a*).

On n'a point mis d'autre *Préface* à la nouvelle Edition, que celle que Clément Marot avoit mis à la sienne, au bout de laquelle on s'est contenté de joindre un *Avis* fort court sur ce qui se rencontre de particulier dans l'Edition qu'on donne aujourd'hui (*b*). Vous y trouverez, Monsieur, les deux mêmes Vers, que Clément Marot avoit mis au Frontispice de son Edition, & dans lesquels il fait un Portrait fidele de son Prédécesseur, & lui rend une Justice très-exacte sur le Bien & le Mal qu'il y avoit en lui. Voici les deux Vers:

Peu de Villons en bon Sçavoir;
Trop de Villons pour decevoir.

Ce qui signifie, qu'il étoit en même tems, & très bon Poëte, & assez mauvais Garnement. Rien de plus juste, que cet Eloge mi-parti. Il n'y a qu'à lire Villon, pour être également convaincu des deux Points qu'il renferme: car, si le Tour heureux qu'il donne à ses Vers justifie parfaitement le Bien que dit de lui Marot dans le prémier Vers,

Peu de Villons en bon Sçavoir;

Il est vrai de dire, que ce qui fait la Matiere

(*a*) *Ce qui se peut dire à plus forte Raison de celle-ci de* 1742, *comme le prouvent très bien, non seulement l'Avertissement particulier qui la concerne, mais même son Arrangement, & les nouvelles Remarques dont elle se trouve accompagnée.*
(*b*) En 1723.

III. Partie. b

re de la plûpart de ſes Vers, & les Licences autres que poëtiques qu'il s'y donne, ne juſtifient pas moins la Cenſure de Marot, quand il dit dans le ſecond,

Trop de Villons pour decevoir.

CEPENDANT, tout équitable que paroît ce Jugement dans ſes deux Parties, il n'a pas laiſſé d'être contredit par Etienne Paſquier, (*Recherches de la France*, Livre VIII, Chap. LVI (*a*),) qui, ſouſcrivant ſans peine à tout le Mal que Marot dit de Villon, par rapport à ſes Mœurs, s'inſcrit hautement en faux ſur le Bien qu'il en dit par rapport à ſon Génie & à ſes Talens. *Quant au prémier Vers*, dit-il, *je n'en puis demeurer d'accord : quant au ſecond, je lui en paſſe Condamnation.* C'eſt-à-dire, qu'il convient volontiers, qu'il n'y a que trop de Fripons du Caractere de Villon; mais, qu'il ne convient pas de même, que ſon Mérite poëtique fût quelque-choſe d'auſſi ſingulier, & d'auſſi rare, que Marot le veut faire entendre.

JE m'imagine bien, Monſieur, que vous n'aurez pas de peine à prendre votre Parti dans cette eſpece de Conflit : & que, mettant à part tout Sentiment de Prédilection, vous conviendrez avec moi, qu'il eſt plus raiſonnable, & plus ſûr, en toutes manieres, de priſer Villon avec François I, Prince d'un Eſprit très délicat, & avec Clément Marot, très bon Poëte, & Juge très compétent en telle Matiere, que de le vilipender avec Etienne Paſquier, Auteur, qui, par les Vers qui nous reſtent de ſa Fa-

(*a*) Ou LX.

Façon, & par ce qu'il dit dans les Jugemens qu'il porte de ceux d'autrui, ne donne pas grande Idée de son Discernement en fait de Poësie. Etienne Pasquier étoit un Ecrivain, qui avoit de l'Erudition, qui manioit la Plume avec Facilité, & même assez bien pour son Siecle; mais, plus habile à compiler ce qu'il avoit lû, qu'à produire de lui-même : Homme, qui avoit plus d'Acquis, que de Naturel ; intéressé par Amour-propre à faire plus de Cas du prémier que du second; &, par cet Endroit même, peu propre à juger du Prix & du Mérite d'un Talent où la Nature a plus de Part que l'Etude. Les Gens de ce Caractere, toûjours resserrez dans les Bornes d'un Esprit tout uni, didactique, & subalterne, dans qui l'Imagination ne jouë point, & qui ne parlent que d'après les autres, ont le Défaut de rapporter tout à l'Erudition, comme l'a fait ici Etienne Pasquier. En effet, il s'est imaginé, que Clément Marot, par le Terme de *bon Sçavoir*, dont il se sert en louänt Villon, a voulu exprimer ce que nous appellons *Erudition* : ce qui l'a mis de si mauvaise Humeur contre Marot lui-même, qu'il n'a pû s'empécher de l'attaquer personnellement sur l'Article du Sçavoir. *C'étoit, à la vérité*, dit-il en parlant de Clément Marot, *un Bel-Esprit, nourri en la Cour de nos Roys, né dès le Ventre de sa Mere pour faire des Vers François ; mais Homme, qui n'eut plus de Sçavoir acquis, que ce qu'il en falloit pour sa Portée. C'est pourquoi*, continue-t-il, *il admire en Villon un Sçavoir qui ne gisoit qu'en Apparence* Mais, ce n'est pas la Faute de Marot, si Etienne Pasquier n'a pas compris ce qu'il vouloit dire.

Le bon Sçavoir, que Marot vantoit dans Villon, n'étoit point ce *Sçavoir acquis*, dont parle Pasquier, & qui est le seul qui soit de la Compétence de Gens de son Caractere. Marot n'avoit garde de prendre si mal son Champ de Bataille au sujet de Villon, & de loüer par cet Endroit un Auteur, qui, bien loin de se piquer d'Erudition, avouoit hautement qu'il lisoit peu:

Car de lire je suis faitard,

dit Villon de lui-même dans le cinquieme Couplet de son *grand Testament*. Ce que Marot entendoit par ce Terme de bon Sçavoir, c'étoit le Génie heureux, ou, comme il s'exprime lui-même dans sa Préface, *le gentil Entendement* de Villon; c'étoit *ses Sentences* ou Pensées, qu'il exhorte les jeunes Poëtes à recueillir *comme de belles Fleurs. Qu'ils contemplent,* ajoute-t-il, *l'Esprit qu'il avoit; que de lui appreignent à proprement écrire; qu'ils contrefacent sa Veine, même celle dont il use en ses Ballades. Le Reste de ses Oeuvres,* dit-il plus bas, *est de tel Artifice, tant plein de bonne Doctrine, & tellement peint de mille belles Couleurs, que le Tems, qui tout efface, jusques ici ne l'a sçû effacer; & moins encore l'effacera-t-il ores & d'ici en avant, que les bonnes Ecritures Françoises sont & seront mieux connues & recueillies que jamais.*

Voilà ce que Clément Marot sentoit & déméloit au travers du Langage suranné de Villon: voilà ce qu'il appelloit *bon Sçavoir*, & ce qui lui faisoit dire, qu'il ne doutoit pas que Villon *n'eût emporté le Chapeau de Laurier devant tous les Poëtes de son Tems, s'il eût été nour-*

nourri en la Cour des Rois & des Princes, là où les Jugemens se amendent, & les Langaiges se polissent. Et voilà ce qu'Etienne Pasquier n'a, ni senti, ni même soupçonné ; parce qu'il s'étoit beaucoup plus étudié à enrichir sa Mémoire & à charger ses Recueils, qu'à s'élever l'Esprit & à se former le Goût. Aussi semble-t-il, qu'en pareille Matiere, on doit plus s'en rapporter à un Homme nourri *dans la Cour de nos Rois*, qu'à un Homme nourri dans la Poussiere du Barreau ; & à un Poëte, *né dès le Ventre de sa Mere pour faire des Vers François*, qu'à un Compilateur incapable de sentir le Mérite de la bonne Poësie, & le Prix des Saillies heureuses d'un Poëte formé par la Nature, tel que fut le célebre François Villon (a).

Il est étonnant, qu'avec la Réputation qu'il eut dans son Tems, l'Estime où furent depuis ses Ouvrages à la Cour de François I, les Eloges qu'en a faits Clément Marot, & le Jugement favorable qu'en a porté en dernier lieu feu Monsieur Despreaux dans son *Art Poëtique*, il ait été si négligé, que feu M. Baillet n'a pas daigné

(a) La grande Prédilection de l'Auteur pour Villon, & ce Zele outré de Prédicateur indiscret, qui met toûjours le Saint du Jour au-dessus de tous les autres, l'a jetté dans un Excès tout opposé & peu louable envers Pasquier, qu'il déprime trop, & auquel il ne rend nullement Justice, ni sur les Poësies, ni sur ses autres Ouvrages. A l'entendre, ce n'étoit qu'un Pédant, pesant & stupide ; mais, les Honnêtes-Gens de son Tems, n'en pensoient nullement ainsi : aussi les Ecrits prouvent-ils suffisamment le Contraire. Du Verdier, qui a jugé bien plus desavantageusement de Villon que Pasquier, méritoit incomparablement mieux la Censure de l'Auteur ; mais, heureusement pour lui, il n'avoit autrefois, ni écrit, ni plaidé, contre les Jésuites.

daigné en faire mention dans ses *Jugemens des Sçavans*, où il parle de tant d'autres Poëtes François antérieurs à Villon, tels qu'Helinand Moine de Froid-mont, Guiot de Provins, Chrétien de Troyes, Huon de Meri, Gacés Brulé, Blondiaux de Nesle, &c., tous fort au-dessous du Mérite & de la Réputation de Villon. Il n'est pas moins surprenant, qu'il n'ait pû trouver Place dans aucun des cinq Volumes du *Dictionaire de Morery* de la derniere Edition, où il est parlé de tant de Gens beaucoup plus obscurs, & moins dignes que lui d'être tirez de leur Obscurité (a).

Je vais suppléer, en votre faveur, autant qu'il se pourra, à ce Manquement, en rapportant de sa Vie ce que j'en ai pû tirer de ses *Poësies* mêmes, & le peu qui s'en trouve ailleurs. C'est faire Plaisir à un Homme aussi prévenu que vous pour le Mérite de Villon, que de lui en apprendre tout ce qui peut lui en faire connoître le Caractere : &, quoique les Avantures de sa Vie ne soient, ni fort belles,

---

(a) Lorsque le Pere du Cerceau écrivoit cela en 1723, *la derniere Edition du Dictionaire de Morery en cinq Volumes* étoit celle de Paris en 1718: & *il est* bien *surprenant, qu'il* n'y ait pas trouvé Villon, à la vérité non pas sous ce Mot, mais sous celui de Corbueil, où ce qu'on dit de lui est assez maigre, n'étant tiré que du seul *Recueil des Poëtes François* de Madame d'Aulnoy, qu'on y corrompt par des Additions contradictoires. Ce qu'il y a de fort plaisant, c'est qu'on y renvoie aux *Jugemens des Savans* de Mr. Baillet, qui, comme l'observe très-bien l'Auteur, n'a pas dit le moindre Mot de Villon ; excepté néanmoins dans l'Article de Marot, où il cite les deux Vers de Despréaux qui le concernent : ce qui rend sa Négligence & son Inattention encore plus blamables. Cet Article Corbueil se trouve aussi dans le *Morery* de 1740, mais sans ce Renvoi à Baillet.

les, ni fort nobles, je suis persuadé, que votre Prédilection pour lui vous y fera trouver du Goût, & que le Détail ne vous en déplaira pas.

Mais, avant que d'entrer dans ce Détail, il faut commencer par fixer son Nom, & sçavoir si le Nom de Villon, qu'on lui donne communément, est son véritable Nom, ou si ce n'est qu'un Sobriquet, qui lui fut donné pour ses Friponneries, & ajoûté au Nom de Corbeuil (*a*), que quelques Sçavans prétendent avoir été son Nom de Famille. Peu importe, au fonds, de quelle Maniere il s'appellât, puisque ce n'est pas son Nom qui l'a rendu illustre, mais ses Ouvrages; & que, sous quelque Nom qu'ils nous soient donnez, ils ont toûjours également leur Prix. Mais, peut-être serez-vous bien-aise qu'on vous fasse observer à l'Occasion de ce Fait, peu important d'ailleurs, de quelle Maniere certains Faits avancés d'abord au hazard par un prémier Auteur, & adoptez ensuite par d'autres sur la Foi du prémier, se perpétuent peu-à-peu, & s'établissent insensiblement.

Il est constant, qu'avant le Président Fauchet, François Villon n'avoit jamais été connu que sous le Nom de Villon, & qu'aucun Auteur ne l'avoit encore nommé Corbeuil. Etienne Pasquier même, qui étoit contemporain du Président Fauchet, & qui publia ses *Recherches de la France* presque dans le même Tems que l'autre donna ses *Antiquitez Françoises*, & le reste de ses *Oeuvres*, ne le nomme jamais autrement que Villon, dans le Cha-

(*a*) Corbueil. C'est ainsi qu'écrivent Fauchet, Ménage, & tous ceux qui ont bien copié ce Mot.

Chapitre où il parle de lui, (*Recherches de la France*, Livre VII, Chapitre LVI (a).) VILLON, dit-il, *fut un Escolier de Paris, doué d'assez bel Esprit, mais un Maître passé en fait de Friponneries.* Il suppose si bien que le Nom de VILLON étoit son véritable Nom, qu'il prétend, que ce fut d'après lui, & à son Occasion, que s'établirent dans notre Langue les Termes de *villonner*, & de *Villonnerie*, pour dire *tromper*, & *Tromperie*; & que *Villon* & *Fripon* devinrent Termes synonymes. *Qu'il ait été un bon Fripon*, dit-il, *qui, en friponnant faisoit Profession expresse de Tromperie & Larcin, il n'en faut meilleur Tesmoignage que cestuy. D'autant que la Posterité a nommé un* Villon *celui qui eshontement se mesloit du Mestier de* Trompeur, *dont aussy nous fismes* villonner, *&* Villonneries.

ETIENNE PASQUIER a Raison, comme je le justifierai dans la suite, en supposant que le Nom VILLON est le véritable Nom de ce Poëte: mais, il a Tort, & il se trompe, quand il avance sans preuve, que c'est à son Sujet, qu'on a donné le Nom de *Villons* à ceux qui se méloient de friponner. Le seul Fondement, qu'il a trouvé à sa Conjecture, qu'il ne donne pas pourtant pour simple Conjecture, mais pour Fait certain, est que le Poëte VILLON a passé effectivement dans son Siecle pour un assez mauvais Garnement; & que, dans notre vieux Langage, *villonner* & *friponner*, signifioient la même Chose. Il n'en a pas fallu davantage à Etienne Pasquier, suivant la Méthode ordinaire de bien des Sçavans, qui donnent

leurs

_____

(a) Ou Livre VIII, Chapitre LX.

leurs Conjectures comme des Certitudes, pour supposer son Opinion comme un Fait certain ; & avancer sans scrupule, que les Termes de *villonner* & de *Villonnerie* tiroient leur Origine de François Villon (*a*).

C'est une Bévûe, sur laquelle M. Ménage n'a pas manqué de le relever dans ses *Origines de la Langue Françoise.* Pasquier *se trompe*, dit-il, *qui croit, qu'à cause des Friponneries du Poëte Villon, on a dit* villonner *&* Villonnerie, *pour* friponner *&* Friponnerie. Il montre ensuite très clairement, & invinciblement, sur le Mot de *Guile*, qui, dans notre vieux Langage, signifie *Tromperie*, que ce Terme, & ceux qu'on en a derivez, sont infiniment plus anciens que le Poëte Villon : ce qu'il justifie par deux Vers du *Roman de la Chasse* de Graces (*a*) de la Vigne, Poëte bien antérieur au Siecle de Villon. Il ajoûte à cela, que *du Mot de* Guile, *nous avons fait le Verbe* guiler *qui signifie* tromper, *& celui de* Guillon *ou* Willon, *qui est la même Chose, comme* Gascons *&* Wascons, *qui signifient Trompeur, Fripon, &c :* où vous noterez, s'il vous plaît, que le , *qui signifient*, se rapporte à *Guillon* ou *Willon*, & non pas à *Gascons* & *Wascons*.

Jusqu'ici M. Ménage a Raison, & détruit très-sçavamment la Conjecture d'Etienne Pasquier. Mais, il tombe immédiatement après dans une Erreur toute opposée à celle de Pasquier, quoique dans le même Genre. Celui-ci

---

(*a*) Cette Censure de Pasquier est mieux fondée, & par conséquent plus judicieuse, que la précédente.

(*b*) Gacés, comme ci-dessus page 22.

ci prétendoit, que le Terme de *Villon*, pour signifier un *Fripon*, devoit son Origine au Poëte Villon, qui, pour avoir excellé en *Friponneries*, avoit mérité que son Nom devint un Nom d'Art ou de Profession. M. Ménage, au-contraire, prétend que Villon n'étoit pas le Nom de notre Poëte, mais une espece de Sobriquet, que ses *Friponneries* lui méritérent : *& ce Poëte*, dit-il, *fut ainsi appellé, à cause de ses Friponneries & Tromperies.* C'est-à-dire, que, selon Pasquier, on a donné le Nom de *Villons* aux *Fripons*, à cause de Villon ; & que, selon M. Ménage, on n'a donné ce Nom à Villon lui-même, que parce qu'il étoit *Fripon*. M. Ménage a prouvé, que Pasquier s'étoit trompé dans son Opinion : & je vais vous faire voir, qu'il ne s'est pas moins abusé lui-même dans la sienne. Voici comme il l'expose, & l'établit, en parlant de Villon.

Son *vrai Nom*, dit-il, *estoit* François Corbueil, *comme il le témoigne lui-même dans son Epitaphe, rapportée par le Président Fauchet, Livre I, de l'Origine des Chevaliers.*

Je suis François, *dont ce me poise,*
Nommé Corbueil *en mon Surnom,*
Natif d'Auvers enprez Pontoise,
Et du commun nommé Villon :
Où d'une Corde d'une Toise
Sçauroit mon Col que mon Cul poise ;
Se ne fust un joli Appel.
Le Jeu ne me sembloit pas bel.

Cette Epitaphe, ajoute M. Ménage, *est autrement dans les* Oeuvres *de* Villon.

C'est

C'est uniquement ſur la Foi de cette Epitaphe, que M. Ménage, & d'autres Auteurs, qui ont eû occaſion de parler de Villon, ont avancé qu'il s'appelloit François Corbueil, & que le Nom de Villon n'étoit qu'un Sobriquet. Sur quoi, Monſieur, je me fais fort de vous démontrer deux Choſes. La prémiere, que, depuis la Naiſſance de François Villon en 1431, juſqu'à la prétendue Découverte du Préſident Fauchet en 1599, il n'a jamais été connu ſous d'autre Nom que ſous celui de Villon : que ce Nom eſt ſon Nom de Famille : & qu'avant le Préſident Fauchet, perſonne n'avoit fait Mention du Nom de *Corbueil*, comme étant le véritable Nom de François Villon. La ſeconde, que l'Epitaphe, rapportée par le Préſident Fauchet, Epitaphe ſur laquelle uniquement, & lui, & ceux qui l'ont ſuivi, ſe ſont fondés pour avancer, cent ans après la Mort de Villon, que le Nom de *Corbueil*, dont on n'avoit point entendu parler juſqu'alors, étoit le véritable Nom de Villon, n'a point été faite, & ne peut avoir été faite, par François Villon ; & qu'une des Marques les plus ſenſibles de la Suppoſition de cette Epitaphe, eſt que le Nom de *Corbueil* y ſoit employé.

En-effet, ſi *Corbueil* étoit le véritable Nom de ce Poëte, il ſeroit étrange, qu'il n'eût pas ſçû lui-même ſon Nom ; & que, toutes les fois qu'il a eu à ſe nommer dans ſes Ouvrages, il eût mieux aimé ſe déſigner par un Sobriquet peu honorable pour lui, comme ne lui aïant été donné qu'à tîtres de Maître Fripon, que par ſon Nom de Famille. Or, c'eſt un
Fait

Fait conftant, que VILLON, aïant emploïé cinq fois fon Nom dans fes Ouvrages, s'y eft toutes les fois nommé FRANÇOIS VILLON, ou fimplement VILLON, & jamais *Corbueil*.

ON trouvera ce Raifonnement encore plus décifif, fi l'on fait Attention à la Nature des Pieces où il s'eft nommé, & où il étoit effentiel de fe défigner par fon véritable Nom. VILLON, en 1456, fit une Piece de Vers en forme de *Teftament* : ce fut le Titre qu'on y donna, quoique fans la Participation de l'Auteur, mais Titre fi convenable, qu'il étoit impoffible d'y en donner un autre. On appella cette Piece le *petit Teftament*, pour le diftinguer du *grand*, qui eft fept ou huit fois plus long. S'il y a une Occafion où l'on doive fe défigner par fon véritable Nom, c'eft fans doute quand on fait un Teftament. VILLON emploie fon Nom dans le prémier & le dernier Couplet de ce *Teftament*, & ne s'y fait connoître que par le Nom de VILLON, fans rien dire de celui de *Corbueil*. Voici comme il débute dans le I Couplet, page 1 :

> *Mil quatre cens cinquante fix,*
> *Je* François Villon, *Efcolier,*
> *Confidérant de fens raffis,*
> *&c.*

La Fin du *Teftament* répond au Commencement : car, voici comme il le termine dans le dernier Couplet, page 10 (*a*) :

Faict

(*a*) *Dans la préfente Edition*, c'eft pages 21 & 22.

> *Faict au temps de la dicte Date,*
> *Par le bon renommé* Villon,
> *Qui ne mange Figue ny Date,*
> *&c.*

Il en use de même dans son *grand Testament*, si-non qu'il ne se nomme point dans le Commencement, & qu'il ne s'y désigne qu'en parlant en prémiere Personne : mais, dans le dernier Couplet de ce même *grand Testament*, il en use comme il avoit fait dans le *petit*, & s'y nomme simplement Villon, page 91 (*a*) :

> *Icy se clost le* Testament
> *Et finist du pouvre* Villon.
> *Venez à son Enterrement,*
> *Quand vous orrez le Carillon,*
> *&c.*

Il y a même plus. Car, cinq pages avant la Conclusion de ce *Testament*, il dresse lui-même son Epitaphe, où il défend de changer ni ajouter, page 86 (*b*).

> *Item veuil que autour de ma Fosse,*
> *Ce que s'en suit (sans autre Histoire,)*
> *Soit escript en Lettre assez grosse.*

Voilà sa Volonté bien précisément marquée, & voici l'Epitaphe, telle qu'il la dresse dans le Couplet suivant, page 86 (*c*).

Cy

(*a*) *C'est ici*, page 184.   (*b*) *Ici*, page 174.
(*c*) *Ici*, page 174 & 175.

Cy gist, & dort en ce Sollier,
Qu'Amour occist de son Raillon,
Ung pouvre petit Escollier,
Jadis nommé François Villon.
Oncques de Terre n'eut Sillon.
Il donna tout, &c.

A qui viendra-t-il dans l'Esprit, que dans un Testament, & dans une Epitaphe, un Homme supprime son véritable Nom, pour y emploïer uniquement, je ne dis pas un Nom étranger, & un Sobriquet donné par hazard, mais un Sobriquet injurieux, & qui le fît connoître à la Postérité pour un insigne Fripon ?

Je sçais bien, que les deux *Testamens de* Villon ne sont pas des *Testamens* sérieux, & que ces Pieces ne peuvent être regardées que comme un Badinage d'Esprit. Mais, le Badinage ne consiste que dans la Qualité des Legs plaisans ou satyriques, qu'il fait aux uns & aux autres. Dans tout le Reste, il garde la Forme des Testamens, où le Testateur commence ordinairement de la Maniere suivante : *En tel Jour, & telle Année, je N. considérant meurement.* Et comme la Coûtume usitée est de marquer d'abord sa Religion par ces Mots, *Au Nom de la Sainte Trinité,* lorsque Villon vient à entrer dans le Détail de ses Dispositions, il en use de la même Maniere, en disant, page 42 (*a*) :

―――――――――
(*a*) C'est ici, page 87.

*Au Nom de Dieu Pere éternel,
Et du Filz que Vierge parit,
Dieu au Pere coëternel
Ensemble du Saint Esperit,*
&c.

Telle est la Forme des Testamens. Si le véritable Nom de VILLON eût été CORBUEIL, il n'eût pas manqué de l'emploïer dans ses deux *Testamens* : &, supposé que le Sobriquet prétendu de *Villon* lui eût été si cher, qu'il n'eût pas voulu le perdre, tout ce qu'il auroit pû faire, ç'auroit été d'en faire Mention avec la Modification qui se trouve dans son Epitaphe supposée, que rapporte Fauchet en disant : *Je François Corbueil, surnommé Villon, considérant,* &c. Mais, jamais il ne se désigne par le Nom de CORBUEIL, & se nomme par-tout, ou FRANÇOIS VILLON, ou tout simplement VILLON.

AUSSI ne pouvoit-il se nommer autrement, puisqu'il est constant d'ailleurs par ses Ouvrages, que VILLON étoit son Nom de Famille; Nom, qui ne lui étoit pas personnel, mais commun avec tous ses Parens du Côté de son Pere. En voici la Preuve bien claire, dans un Couplet de son *grand Testament*, ou, témoignant sa Gratitude à un de ses Parens, qui l'avoit toûjours assisté & secouru dans ses Disgraces, il le nomme GUILLAUME DE VILLON, page 44 (a).

Item,

─────────────

(a) *Ici, c'est* pages 90 & 91.

Item, & à mon plufque Pere,
Maiftre GUILLAUME DE VILLON,
Qui m'a efté plus doulx que Mere
D'Enfant eflevé de Maillon;
Qui m'a mys hors de maint Boillon,
&c.

CEUX, qui ont dreffé la *Lifte des Noms* répandus dans les *Ouvrages de* VILLON, y ont emploïé celui-ci fous le Nom du *Pere de* VILLON, en mettant : VILLON (*Guillaume, Pere de François;*) en quoi ils fe font trompez : car, FRANÇOIS VILLON fait ici un Legs à *Maître* GUILLAUME DE VILLON, comme à un Homme encore vivant ; ce qu'il eft d'ailleurs aifé de connoître par les deux derniers Vers du même Couplet, où il dit page 44 (*a*) :

Si lui requiers à genoillon,
Qu'il m'en laiffe toute la Joye.

Or, le Pere de FRANÇOIS VILLON étoit mort, comme nous l'allons voir, quand il fit ce *Teftament*. Il nomme GUILLAUME DE VILLON, fon *plus que Pere*, pour faire entendre, que, dans les bons Offices que ce GUILLAUME DE VILLON lui avoit rendus, il avoit fait pour lui autant & plus qu'auroit pu faire fon propre Pere, qui ne vivoit plus, comme il l'avoit marqué vingt pages auparavant, où il dit page 22 (*b*) :

Mon

(*a*) *Ici, c'eft* page 91.
(*b*) *Ici,* page 45.

Mon Pere eſt mort, Dieu en ayt l'Ame;
Quant eſt du Corps, il gyſt ſoubz Lame.

Mais, quoique Guillaume de Villon ne fût pas ſon Pere, on doit juger, qu'il lui en tenoit lieu, comme ſon plus proche Parent, & vraiſemblablement comme Oncle paternel: puiſque Villon, immédiatement après avoir recommandé ſon Ame à Dieu, & diſpoſé de ſon Corps, fait ſon prémier Legs en faveur de ce Guillaume de Villon, qu'il fait paſſer même avant ſa Mere, pour qui il paroit d'ailleurs qu'il avoit beaucoup de Tendreſſe, & qu'il ne met cependant qu'au ſecond Rang, immédiatement après Guillaume de Villon.

Le Surnom de Villon n'étoit donc pas un Sobriquet perſonnel à notre Poëte, mais le Nom commun de la Famille. Il s'appelloit François Villon, comme ſon Parent s'appelloit Guillaume Villon, ou de Villon; car, le *de* doit être regardé comme un Allongement, qui ne change rien d'eſſentiel au Nom, & qui ne ſert que pour le Vers. Il réſulte de tout ceci, que Villon n'a jamais reconnu, ni dans lui, ni dans aucun de ſes Parens paternels, le Surnom de Corbueil, comme le Surnom propre de ſa Famille; qu'il ne ſe déſigne jamais que par le Nom de Villon; & que le ſeul Parent, dont il faſſe Mention, il le nomme Guillaume de Villon.

La même Choſe peut s'obſerver dans les *Repues franches*, qu'on a miſes au bout de ſes Oeuvres. Cet Ouvrage n'eſt pas de lui, mais il en eſt le Héros. Or, il n'y eſt jamais nommé que François Villon, ou simplement *Maître* François, & jamais Corbueil. Ces Poëſies, comme il paroît au Style, ſont poſtérieures à François Villon, & d'un Tems où la Verſification Françoiſe s'étoit perfectionnée, auſſi-bien que le Langage. Elles font voir, que ce Poëte n'étoit point connu pour lors ſous d'autre Nom, que celui ſous lequel il s'étoit fait connoître lui-même dans ſes Poëſies; & que ſon Surnom prétendu de Corbueil n'avoit point encore été découvert.

Long-tems après la Mort de Villon, Clément Marot fit une Edition nouvelle des *Poëſies* de cet Auteur, ſur les Editions précédentes, où il avoit été horriblement défiguré. *Tant y ay trouvé de Broillerie*, dit-il, *en l'Ordre des Coupletz & des Vers, en Meſure, en Langaige, en la Ryme, & en la Raiſon, que je ne ſçay duquel je doy plus avoir Pitié, ou de l'Oeuvre ainſy oultrement gaſtée, ou de l'Ignorance de ceux qui l'imprimérent.* Il donne même un Echantillon d'un Couplet de Villon, qui étoit inintelligible dans les Editions antérieures, & qu'il a rendu intelligible, en le rectifiant au plus près du Vray qu'il lui a été poſſible. Auſſi l'Edition de Clément Marot eſt-elle infiniment plus correcte & meilleure, que toutes celles qui avoient précédé. Mais, elles conviennent toutes en un Point, qui eſt que, ni dans celle de Clément Marot, ni dans les précédentes, il n'y eſt fait nulle Mention du Surnom de Corbueil; & que notre Poëte eſt également nommé dans toutes François Villon, ſans que dans aucune de ces Editions il ſoit fait Mention de l'Epitaphe rapportée par le Préſident
Fau-

Fauchet, où le Surnom de Corbueil est employé comme le Nom de Famille de Villon.

François Rabelais, postérieur d'un Demi-Siecle à François Villon, fait Mention de ce Poëte en deux Endroits du IV Livre de son *Pantagruel*, qu'il dédia en 1552 au Cardinal de Chastillon. C'est aux Chapitres XIII & LXVII, comme il est marqué dans la nouvelle Edition de Villon (a). Or, dans ces deux Endroits, il ne le nomme point autrement que *Maistre* François Villon. Il y rapporte l'Epitaphe que Villon se fit à lui-même dans la Prison, quand il se vit condamné à être pendu; mais, il la rapporte précisément telle qu'elle est dans toutes les Editions des *Oeuvres de* Villon, c'est-à-dire, en quatre Vers sur une même Rime, & sans qu'il y soit parlé de son Surnom de Corbueil.

Depuis Rabelais, jusqu'en 1599, que le Président Fauchet donna ses *Oeuvres* au Public, on ne voit point qu'aucun Ecrivain ait parlé de notre Poëte autrement que sous le Nom de François Villon; de sorte qu'il doit demeurer pour Fait constant, que, depuis 1456, que ce Poëte donna son *petit Testament*, où il se désigne au prémier & au dernier Couplet sous le nom de François Villon, jusqu'en 1599, le Surnom de Corbueil a été ignoré, tant de lui-

___

(a) Avant cela, Rabelais avoit déjà introduit dans le II Livre de son *Pantagruel*, Chapitre XXX, Villon, comme rabrouant fort Xerxès, devenu Moutardier des Champs Elisées, de ce qu'il lui vouloit vendre trop cher certaine Quantité de Moutarde, & comme pissant dans son Baquet pour l'en punir.

lui-même, que de ceux qui ont parlé de lui, & qui ne l'ont jamais nommé que FRANÇOIS VILLON. Les Editions de ses Ouvrages, antérieures à celle de Clément Marot, les *Repues franches* faites à son Sujet, l'Edition de Clément Marot, & le Témoignage de Rabelais, font une Suite de Tradition constante sur ce Point, & non interrompue, jusqu'en 1599. De sorte qu'à compter depuis la Date du *petit Testament* de VILLON donné en 1456, jusqu'à 1599, voilà 143 Ans, durant lesquels notre Poëte n'a jamais été connu que sous le Nom de FRANÇOIS VILLON, sans qu'il se trouve aucune Trace de son prétendu Surnom de CORBEUIL.

N'EST-IL pas surprenant, Monsieur, qu'après une Possession de 143 Ans, Possession toûjours paisible, & non jamais contredite, & cent Ans au moins après la Mort de VILLON, on vienne lui disputer son véritable Nom, & qu'on le change en un Sobriquet, pour lui donner un Nom étranger, que, ni lui, ni ses Partisans, ni ses Editeurs, ni tous ceux qui ont parlé de lui, n'ont jamais connu. Voilà pourtant ce qui est arrivé. Mais, vous serez encore plus surpris de voir sur quel foible Fondement se trouve appuyée cette nouvelle Prétention.

LE Président Fauchet donna ses *Oeuvres* au Public en 1599, comme en fait foi son Epître Dédicatoire au Roi Henri IV, datée du 8 de Septembre de la dite Année. Dans le Chapitre I du I Livre *de l'Origine des Chevaliers*, voici comme il s'exprime au sujet du Mot de *Guille* : Guiller *signifie* tromper, *& vient de* Guille, *c'est-à-dire,* Tromperie; *tesmoing ces Vers*

de

de *Graces de la Vigne* (*a*), *Auteur du* Roman de la Chasse, *qui dit* :

>Là fut li Queux de Tancarville ;
>En luy n'ot ne Barat ne Guille.

Et Maistre François Corbueil *fut surnommé* Villon, *pour les* Tromperies *qu'il fit en sa Vie; l'Epitaphe duquel j'ay dans un de mes Livres escrit à la main, qui dit* :

>Je suis François dont ce me poise,

& le Reste de l'Epitaphe, telle que je l'ai rapportée plus haut tout au long (*b*). Il remarque ensuite, que *Guillon* & *Willon* sont un même Mot, *parce qu'anciennement B & les deux VV se prononçoient de même.*

CE qui nous fait voir, que l'Article de *Guile*, dans les *Origines de la Langue Françoise* de M. Ménage, est pris tout entier de Fauchet, auquel il renvoïe à la vérité pour l'Epitaphe, mais non pas pour le Mot de *Guille*. Je ne sçais seulement pourquoi, aïant pris cet Article dans Fauchet, il n'écrit pas *Guille* & *Guiller* avec deux *ll*, comme cet Auteur, & dit toûjours *Guile* & *Guiler* avec une *l* : quoique dans les deux Vers citez du *Roman de la Chasse*, le mot de *Guille* se trouve avec deux *ll*; & que M. Ménage, en citant ces deux Vers y mette

---

(*a*) La Croix du Maine, & autres, nomment ce Poëte Gaces de la Vigne, comme Gacés Brulez, autre Poëte plus ancien.

(*b*) Page 26.

mette *Guille*, & non pas *Guile*. Mais, ce font de ces Caprices de Grammairiens, dont il ne faut point leur demander Raiſon, parce qu'ils n'en ont point de bonne à dire (*a*). Revenons au Préſident Fauchet.

Cet Auteur, au bout de près de 150 Ans que Villon a toûjours été connu ſous le Nom de François Villon, ſans autre Surnom, s'aviſe de lui ôter ſon Nom de Famille, pour lui ſubſtituer celui de Corbueil, que perſonne avant lui n'avoit attribué à Villon, & de faire de celui-ci un ſimple Sobriquet. Et ſur quoi eſt fondé ce Changement? Préciſément ſur la Foi d'une Epitaphe prétendue de Villon, que Fauchet dit avoir trouvée dans un de ſes Livres écrit à la Main. Il ne dit point de quel Tems eſt ce Livre écrit à la Main, qui en eſt l'Auteur, d'où il lui eſt venu; & ne rapporte rien enfin ſur quoi on puiſſe juger de la Créance que mérite ce prétendu Manuſcrit. Ainſi, Villon, qui, depuis ſa Naiſſance en 1431, s'étoit toûjours appellé Villon, change de Nom

(*a*) Le Pere du Cerceau ſe ſervoit apparemment de l'Edition de 1650. S'il avoit conſulté celle de 1694, où je vois toûjours bien *guille* & *guiller*, & non pas *guile* & *guiler*, tant à l'Article Guille, qu'aux Mots Villon, Villonner, Villonnerie, il n'auroit point ainſi gratuïtement attaqué tout le Corps mal-endurant des *Grammairiens*, qui pourroient à leur tour reprocher à ſes Confreres, & peut-être perſonnellement à lui-même, d'avoir plus mal-à-propos encore métamorphoſé ce Mot en celui de *Guibe*, dans leurs *Mémoires de Trévoux*, Septembre 1723, pag. 1559. Mais, ce Mot, auſſi-bien que *Franchet* & *Patra*, ne ſont-là ſans doute que de ſimples Fautes d'Impreſſion, dont ils abuſeroient auſſi peu équitablement que lui.

Nom près de 170 Ans après, & se trouve nommé François Corbueil, contre la Foi de tous les Livres imprimez qui ont parlé de Villon jusqu'en 1599; & cela uniquement, parce qu'il s'est trouvé entre les Livres du Président Fauchet un Livre écrit à la Main où il est nommé François Corbueil. Je demande, si un Manuscrit pareil, dont on ne dit rien qui puisse l'autoriser, suffit, pour donner le Démenti à Villon lui-même, à ses Disciples, à ses Editeurs, aux Auteurs venus depuis qui ont fait mention de lui, & enfin à tous les Livres imprimez depuis la Naissance de Villon jusqu'au Tems du Président Fauchet?

Non, sans doute, Monsieur; & ce Président lui-même n'a pas dû le présumer. Mais, il a été plus heureux qu'il ne pouvoit raisonnablement l'espérer; puisque ce qu'il avoit avancé, sur la simple Foi de son Livre écrit à la Main, a été reçû sur sa Parole, non-seulement par le commun des Gens qui n'y regardent pas de si près, mais même par un Critique tel que M. Ménage. Ce Critique n'a point fait de Difficulté d'abandonner, & Villon lui-même, qui ne se désigne jamais que par ce Nom dans ses *Poësies*, & ses anciens Editeurs, & Clément Marot, & tous les Auteurs qui ont parlé de lui, pour suivre aveuglément le Président Fauchet, & pour souscrire sans scrupule à sa nouvelle Découverte.

C'est une Méprise d'autant moins excusable dans M. Ménage, que s'il avoit voulu examiner un peu de près l'Epitaphe rapportée dans le Président Fauchet, & qu'il cite tout au long, il y auroit reconnu sans peine, qu'elle ne pouvoit être de Villon, & qu'elle n'a pû être fabriquée que long-tems depuis lui, & d'après celle qu'il avoit compofée lui-même dans fa Prifon de Melun, lorsqu'il fe vit condamné à être pendu. La voici, telle qu'elle fe trouve dans toutes les Editions de fes *Poëfies*, pag. 92 (*a*).

> *Je fuis François (dont ce me poife,)*
> *Né de Paris, emprès Ponthoife.*
> *Or d'une Corde d'une Toife*
> *Sçaura mon Col que mon Cul poife.*

Cette Epitaphe eft inconteftablement de Villon, & perfonne n'a jamais dit le contraire. Or, cette Epitaphe fe trouve toute renfermée dans celle que rapporte le Préfident Fauchet, & que je répete ici, pour qu'on les puiffe confronter toutes deux:

> Je fuis François, dont ce me poife,
> *Nommé Corbueil en mon Surnom,*
> Natif *d'Auvers* emprés Ponthoife,
> *Et du Commun nommé Villon.*
> Or d'une Corde d'une Toife
> Sçauroit mon Col que mon Cul poife,
> *Se ne fuft un joly Appel.*
> *Le Jeu ne me fembloit point bel.*

Le prémier, le troifieme, le cinquieme, & le fixieme Vers de ce Huitain, font les quatre de l'Epitaphe faite par Villon lui-même. On ne voit pas pourquoi, aïant fait la prémiere Epitaphe

---

(*a*) *Dans la préfente Edition, c'eft* page 190.

taphe en quatre Vers, il en auroit voulu faire une seconde, où ces mêmes quatre Vers fussent compris. Ce qu'il y a de sûr, c'est que le Huitain, rapporté par le Président Fauchet, ne se trouve dans aucune des Editions de Villon antérieure à ce Président; & qu'au contraire l'Epitaphe en Quatrain se trouve dans toutes. Ces deux Epitaphes, d'ailleurs, sont la même Chose pour le Fonds; & c'est ce qui a fait dire à M. Ménage, après avoir rapporté celle du Président Fauchet: *Cette Epitaphe est autrement dans les* Oeuvres de Villon.

En quoi consiste donc principalement la Différence de ces deux Epitaphes? Uniquement dans une Chose, qui a dû faire connoître à M. Ménage, Homme versé dans la Poësie Françoise, que le Huitain ne pouvoit être de Villon, & qu'il n'a été fabriqué que long-tems depuis lui, & même depuis Marot. En effet, il est visible, que celui, qui du Quatrain en a fait un Huitain, n'en a usé ainsi, que pour rendre plus réguliere l'Epitaphe, qui n'étoit composée que de quatre Rimes féminines, qu'il a voulu entrelasser par des masculines. Qu'on lise le Huitain, & l'on connoîtra, du prémier Coup d'Oeil, la Vérité de mon Observation, que je suis surpris que M. Ménage n'ait pas faite lui-même. Or, l'Entrelassement des Rimes masculines & féminines est une Régularité, qui ne s'est introduite dans notre Versification, non-seulement que depuis Villon, mais même depuis Clément Marot, & qui à peine étoit bien établie dans le Tems que le Président Fauchet publia ses Ouvrages. Cette Insertion de Rimes masculines, qu'on a em-
ploïées,

ploïées dans le Huitain, fait toute la Différence qu'il y a entre l'Epitaphe de quatre Vers reconnue pour être l'Ouvrage de VILLON, & l'Epitaphe de huit Vers dont on n'avoit point entendu parler avant le Préſident Fauchet. D'où il eſt aiſé de conclure, que ce Huitain ne ſçauroit être de VILLON; qu'il n'a pû être fabriqué ſur ſon Quatrain, que long-tems après ſa Mort; & que c'eſt auſſi pour cette Raiſon, que ce Huitain ne ſe trouve dans aucune des Editions de VILLON avant 1599.

A L'ÉGARD du Nom de CORBUEIL qui y eſt emploïé, ce qui m'en paroît de plus vraiſemblable eſt, que ce Huitain a été fait d'après celui de Villon, & adapté à un Particulier nommé CORBUEIL, qui, apparemment, étoit ſurnommé VILLON entre ſes Camarades; parce que peut-être s'aidoit-il des deux Métiers de VILLON, c'eſt-à-dire, de Friponnerie & de Poëſie; & qui, aïant été condamné à Pontoiſe à être pendu, en auroit appellé à l'éxemple de VILLON. Ce qui ſemble appuïer ma Conjecture, c'eſt que VILLON, dans ſon Epitaphe de quatre Vers ſe dit natif de Paris:

Né de Paris emprès Ponthoiſe.

Il ſe dit encore *Enfant de Paris* dans un autre Endroit, page 53 (*a*).

Le Droit luy donne d'Eſchevin,
Que j'ay comme Enfant de Paris.

VIL-

(*a*) *C'eſt ici,* page 108.

VILLON reconnoît toujours Paris pour sa Patrie : au-lieu que, dans l'Epitaphe de huit Vers rapportée par Fauchet, CORBUEIL se dit

*Natif d'*Auvers *emprès Ponthoise.*

Je remarque encore, que, dans ce Huitain tel que le rapporte M. Ménage d'après Fauchet, il y a au cinquieme Vers *où d'une Corde d'une Toise*, & non, *or d'une Corde*, &c., comme je le trouve dans Fauchet de l'Edition de 1610. Si, dans l'Edition de 1599, il y a *où*, comme le met M. Ménage, cela confirme encore ma Conjecture ; car, cet *où* seroit relatif à *Pontoise*, & ce seroit comme si FRANÇOIS CORBUEIL disoit : *Natif d'Auvers emprès* Pontoise, *où j'aurois esté pendu, si ce n'estoit le joli Appel que j'ay fait.* Or, ce ne fut pas à *Pontoise*, mais à *Melun*, que VILLON fut condamné à être pendu (*a*). CORBUEIL dit: *Sçauroit mon Col que mon Cul poise*, sans cet Appel; mais VILLON, qui ne parle point de son Appel dans son Epitaphe, dit absolument: *Sçaura mon Col que mon Cul poise.* Et comme il avoit fait une Piece exprès pour son Appel, il n'étoit pas nécessaire qu'il fît Mention de cet Appel dans son Epitaphe, qu'il ne dressa d'ailleurs que dans la Persuasion où il étoit qu'il seroit réellement pendu, nonobstant son Appel, qui ne feroit que reculer son Supplice jusqu'à la Confirmation de la Sentence. Il appelloit toûjours à bon compte; mais, il ne s'y fioit pas plus que de Raison :

Com-

(*a*) Abus, comme on le verra ci-dessous.

Combien que point trop ne m'y fie,

dit-il page 95 (a) dans la *Ballade de son Appel*.

En voilà, je pense, autant qu'il faut, pour fonder ma Conjecture à l'égard de ce François Corbueil, dont il s'agit dans l'Epitaphe rapportée par Fauchet : mais, quoiqu'il en puisse être de cette Conjecture, il demeure toûjours constant, que, depuis la Naissance de Villon jusqu'en 1599, c'est-à-dire pendant plus de 160 Ans, il ne s'est jamais fait connoître, & n'a jamais été désigné par aucun Auteur, que sous le Nom de Villon ; qu'on ne doit point, sur la Foi d'un Livre manuscrit, que le Président Fauchet avoit dans sa Bibliotheque, & dont il ne justifie point l'Autorité, changer le Nom de Villon cent Ans après sa Mort, ni travestir en Sobriquet son véritable Surnom, & le Nom de Famille qui lui étoit commun avec ses Parens paternels; & que, d'ailleurs, le Huitain rapporté par Fauchet, & qui ne se trouve dans aucune des Editions antérieures à 1599, n'est point de lui, & n'a pû être fabriqué que long-tems depuis lui, ainsi que je crois l'avoir prouvé.

Laissons donc à notre Auteur le Nom de François Villon, qui est incontestablement son Nom, & le seul sous lequel il s'est fait connoître dans ses Ouvrages. Si tous les Points de son Histoire demandoient autant de Dis-

---

(a) *C'est ici*, page 197.

Discussion qu'il en a fallu faire sur son Nom, ce que je vous écris deviendroit un Livre, & ne seroit plus une Lettre (*a*). Mais, rassurez-vous : il n'y a pas grande Dispute à craindre pour l'avenir ; & nous trouverons peu de chose qui nous arrête.

FRANÇOIS VILLON étoit de Paris, comme le justifie son Epitaphe en quatre Vers faite par lui-même, & reconnuë incontestablement pour être de lui, où il dit page 92 (*b*) :

Né de Paris *emprès Ponthoise.*

Il se déclare encore *Enfant de Paris* dans un autre Endroit que j'ai déjà cité (*c*). La même Chose est attestée dans la *Préface* que Clément Marot mit à la Tête de l'Edition qu'il fit des *Poësies de Villon*, où il dit, qu'il *s'esbahit* (*ves-*
que

_____

(*a*) En effet, une si longue Discussion de près de 22 Pages, qui pouvoit néanmoins s'expédier facilement en deux ou trois Réfléxions courtes & décisives : une pareille Discussion, dis-je, sur un Point d'aussi peu de Conséquence que les différens Noms de VILLON & de CORBUEIL, ainsi que le reconnoit ci-dessus page 23 en propres Termes l'Auteur lui même, paroit tenir bien plus de la Routine du College, que de la Précision du Cabinet; sentir bien plus le Zele outré de Disputeur prévenu, que l'Exactitude d'Homme de Lettres impartial ; en un mot, représenter beaucoup mieux l'Adresse & la Subtilité d'une Chicane trop étudiée, que la Justesse & la Solidité d'une judicieuse Critique. La seule petite Remarque de Mr. le Duchat sur le LXXVI Huitain du *grand Testament* prouve suffisamment tout ce que prétend ici l'Auteur ; sçavoir, que le vrai Nom de Famille de notre Poëte étoit VILLON, & non pas CORBUEIL.

(*b*) *C'est ici*, page 190. (*c*) *Ci-dessus*, page 42.

que c'est le meilleur Poëte Parisien qui se trouve) comment les Imprimeurs de Paris, & les Enfans de la Ville, n'en ont eu plus grand Soing.

Il naquit à Paris en 1431. La Preuve s'en forme de deux Endroits de ses Ouvrages. Car, dans le prémier Vers de son *grand Testament*, il le date de l'An trentieme de son Age, en disant page 11 (*a*):

En l'An de mon trentiesme Eage :

Et, à la Fin du Préambule de ce *Testament*, il marque, page 14 (*b*), qu'il le fit en soixante & un, c'est-à-dire en 1461.

Escript l'ay l'An soixante & ung,
Que le bon Roy me délivra
De la dure Prison de Mehun.

Par où il paroit, en joignant ces deux Dates de différente Espece, qu'il avoit trente Ans en 1461, & par conséquent qu'il devoit être né en 1431.

La Maniere, dont il parle de son Extraction, de l'Etat de ses Parens, de leur Pauvreté, & de la sienne, marque bien, que son Vice n'étoit pas d'être glorieux ; car, voici comme il s'en explique dans son *grand Testament*, page 21 (*c*):

Pauvre je suys de ma Jeunesse,
De pauvre & de petite Extrace.

Mon

(*a*) C'est ici, page 23.   (*b*) Ici, page 30.
(*c*) Ici, page 43.

Mon Pere n'eust onq' grand Richesse,
Ne son Ayeul nommé Erace.
Pauvreté tous nous suit & trace.
Sur les Tumbeaulx de nos Ancestres
(Les Ames desquels Dieu embrasse)
On n'y voit Couronnes ne Sceptres....

Je n'ay ne cens, ne rente, ne avoir,

dit-il dans un autre Endroit, page 18 (*a*). Il marque dans l'Epitaphe qu'il se dresse dans son *grand Testament*, page 87 (*b*), que le pauvre François Villon

Onques de Terre n'eut Sillon.

Et dans le *Requiem* en Rondeau qui suit cette même Epitaphe (*c*), il se désigne par *cil*, c'est-à-dire, celui,

Qui vaillant Plat ny Escuelle,
N'eust oncques, n'ung Brin de Persil.

Et, enfin, en annonçant une Ballade qu'il avoit faite en l'Honneur de la Sainte Vierge à la priere de sa Mere, à qui il la laisse par forme de Legs, il marque, que c'est tout ce qui est en son Pouvoir de lui laisser; car, dit-il, page 44 (*d*,:

Autre Chastel n'ay, ne Fortresse,
Où me retraye Corps & Ame,
(Quand sur moy court male Destresse,)
Ne ma Mere la povre Femme.

La

(*a*) C'est ici, page 37.   (*b*) Ici, page 175.
(*c*) Ici, page 176.   (*d*) Ici, page 92.

La Pauvreté de ſes Parens ne les empécha pas de faire un Effort pour le pouſſer aux Etudes, & ſeconder les heureuſes Diſpoſitions qu'on découvroit dans lui dès ſa Jeuneſſe : & il eſt hors de doute, que ſi, avec le Génie & les Talens que Dieu lui avoit donnez, il ſe fût bien appliqué à l'Etude, il y auroit fait de grands Progrès. Mais, il eut le Malheur de ſe laiſſer entraîner par ſon Tempérament, & par les mauvais Exemples, & de tourner, du côté de l'Eſpieglerie & de la Débauche, des Talens, dont il auroit recueilli des Fruits ſolides dans la ſuite de ſa Vie, s'il avoit ſçû les faire profiter. C'eſt ſur quoi il reconnut bien ſa Faute à l'Age de 30 Ans, & ce qui lui fit dire dans ſon *grand Teſtament*, page 17 (*a*), quand le Feu de l'Age fut paſſé :

Je plaings le Temps de ma Jeuneſſe,
Auquel j'ay plus qu'autre gallé.

C'eſt apparemment de cet ancien Mot Gaulois *galé*, qui ſignifie *ſe donner du bon Temps*, que nous eſt reſté le Terme de *Galant*. Villon fut en effet un hardi *Galant* dans ſon Tems.

Il ſentit depuis tout le Préjudice qu'il recevoit d'avoir négligé l'Etude dans ſa Jeuneſſe. Il emploïe un Couplet entier à en témoigner ſon Repentir, dans ſon *grand Teſtament*, page 18 (*b*) : & il le fait d'une Maniere ſi pathétique, qu'il eſt difficile de n'en être pas touché. Le Couplet eſt ſi beau, que je ne puis m'empécher de le mettre ici.

Hé!

(*a*) *C'eſt ici*, page 36.   (*b*) *Ici*, page 38.

*Hé ! Dieu, se j'eusse estudié,
Au Temps de ma Jeunesse folle,
Et à bonnes Mœurs dédié,
J'eusse Maison & Couche molle.
Mais quoy ! je fuyoye l'Escolle,
Comme faict le mauvais Enfant.
En escrivant ceste Parolle,
A peu que le Cueur ne me fend.*

Il ne laissa pas d'étudier tellement quellement, & fit toûjours depuis Profession d'Homme de Lettres. C'est ce que signifie le Titre d'Ecolier qu'il se donne encore à 30 Ans, & qu'il emploïe même dans l'Epitaphe qu'il se dresse sur la fin de son *grand Testament*, où il dit page 87 (a) :

*Cy gist. . . . . . .
Ung pouvre petit Escollier,
Jadis nommé François Villon.*

Il étoit difficile que Villon, en faisant le Métier d'Ecolier fripon & libertin, qui mettoit tout son Esprit à imaginer tous les jours, & à mettre en œuvre, de nouveaux Tours d'Espieglerie, en quoi, comme dit Etienne Paquier, il étoit *superlatif*, ne se fît à la fin de mauvaises Affaires, & n'eût quelque-chose à démêler avec la Justice. Il fut mis en Prison plus d'une fois : &, de la maniere dont il parle du Châtelet dans son *petit Testament*, qu'il composa à l'Age de 25 Ans, il paroit qu'il

---

(a) *C'est ici*, pages 174 & 175.

III. Partie.

qu'il l'avoit fréquenté avant cet Age. Il assigne un Legs pour le Chevalier du Guet, & ses Archers ; mais, il y met cette Condition page 6 (*a*) :

Pourveu que j'auray les troys Lictz,
S'ils me meinent en Chastellet ;

c'est-à-dire, la Chambre qu'on appelloit des Trois-Licts, selon qu'il est expliqué dans les Notes de Clément Marot, qui sçavoit la Carte du Païs, pour y avoir fait en son Tems plus d'un Voïage. Cet Endroit, à la vérité, ne dit pas formellement, que Villon eût été dès lors Prisonnier au Châtelet : mais, de la maniere dont il parle de ce Lieu-là dans son *petit Testament*, & à en juger par ce qu'il y dit page 8 (*b*), & des *Pigeons qui sont par essoyne enserrez soubz Trappe volliere*, c'est-à-dire, des Prisonniers, & de la Grace de la Geoliere, & d'autres Traits pareils, il paroit trop instruit de l'Intérieur de la Prison, pour ne pas donner lieu de penser, qu'il avoit eu Occasion plus d'une fois de s'en instruire par lui-même ; ce qui d'ailleurs, à l'égard d'un Libertin & d'un Fripon, tel qu'il étoit alors, & Maître de la Bande, se peut présumer sans Jugement téméraire.

Il ne faut pourtant pas s'imaginer, que les Friponneries, qu'on lui reproche, eussent quelque-chose de bien odieux. Si l'on en peut juger par quelques Piéces qu'on a mises au bout de ses Poësies, sous le Titre de *Repues franches,*

&

___
(*a*) *C'est ici*, page 14.   (*b*) *Ici*, page 17.

& dont il est le Héros, mais non pas l'Auteur; la plûpart de ses Friponneries se terminoient à quelques bons Tours, qui alloient à escamoter du Pain à un Boulanger, du Vin à un Cabarretier, de la Viande à un Boucher, & des Tripes à une Tripiere, pour se réjouïr aux Dépens d'autruy avec ses Camarades : &, dans tout cela, il paroit plus d'Espieglerie, que de Méchanceté.

Mais, selon toutes les Apparences, il s'agissoit de quelque-chose de plus sérieux dans l'Affaire qui causa en dernier lieu sa Prison de Melun, & le Procès criminel qu'il y eut à essuyer. Je dis *Melun*, parce que c'est ainsi qu'on a interprété le Nom de *Mehun*, qu'il emploïe dans son *grand Testament* en parlant de cette Prison (*a*). Il falloit que le Crime fût considérable, puisqu'après trois ou quatre Mois passez dans les Cachots, il fut condamné à être pendu avec cinq de ses Camarades, tous aussi honnêtes Gens que lui. Il y a d'autant plus lieu de présumer, que son Affaire sonnoit mal; que lui, qui, dans ses Poësies, parle assez librement, & de sa Prison, & de sa Condamnation, & de son Appel, ne dit pas un mot du Crime pour lequel il avoit été condamné (*b*). Il se contente,

―――――――――――――――――
(*a*) On verra ci-dessous page 57, Remarque (*a*), que c'est à tort que l'Auteur a adopté cette Interprétation.
(*b*) Ce Crime étoit assez probablement quelque Vol, ou autre mauvais Trait, exercé à Ruël, & pour lequel il paroit par la XVI Ballade du *grand Testament*, & par la II du *Jargon*, que deux de ses Camarades furent effectivement pendus.

tente, sans rien spécifier en particulier, & sans toucher à la Cause prochaine, de remonter à la Cause éloignée, c'est-à-dire, à la Misere & à la Pauvreté qui l'avoit jetté dans le Précipice; car, dit-il page 17 (a),

*Nécessité faict Gens mesprendre,
Et Faim saillir le Loup des Boys.*

Si telle Patenôtre sauvoit de la Corde, il y auroit peu de Gens de pendus pour Vol; car, il n'y en a gueres de ceux qu'on expédie pour avoir volé, qui ne pût se justifier à titre de Pauvreté & de Misere. Villon se sauve comme il peut, à la faveur de cette Excuse, qu'il emploïe vaille que vaille. Il tâche de la relever par l'Avanture de ce Corsaire, qui fut amené à Aléxandre, & qui eut le Courage de lui dire, qu'on ne l'appelloit Corsaire, que parce qu'il n'avoit qu'un misérable petit Vaisseau pour écumer la Mer; au-lieu que, s'il eût eu une grande Flote sous ses Ordres, il auroit passé pour Conquérant : ce qui plut si fort à Aléxandre, que, bien loin de le punir, il l'éleva en Honneur, & se servit de lui. Sur quoi Villon, se faisant à lui-même l'Application de cette Avanture, dit, que s'il eut trouvé quelque Prince qui eut daigné le tirer de la Misere, & qu'affranchi de la Nécessité il se fût mis à faire du Mal, il se seroit condamné lui-même à être brûlé.

Si

_____

(a) *C'est ici*, page 36.

Si Dieu, dit-il page 17 (*a*), *m'eust donné rencontrer*
Ung autre piteux Alexandre,
Qui m'eust fait en Bonheur entrer,
Et puys qu'il m'eust veu condescendre
A Mal, estre ards & mis en Cendre
Jugé me fusse de ma Voix.

Ce fut donc plûtôt la Misere, qu'aucune mauvaise Inclination, qui le fit tomber dans le Crime pour lequel il fut condamné à être pendu.

QUELQUES GENS ont crû, que ç'avoit été pour Crime de Fausse-Monnoie : mais, la Chose n'a nulle Apparence, puisqu'il est constant, que, dans ces Tems-là, le Supplice ordinaire des Faux Monnoïeurs étoit d'être jettez dans une Chaudiere bouillante. C'est ce que témoigne Villon lui-même dans le premier Couplet de sa *Ballade de bonne Doctrine à ceux de mauvaise Vie*, page 80 (*b*), où il dit :

. . . . *Soyes* . . . .
Tailleur de Faux-Coings, tu te brusles,
Comme ceux qui sont eschaudez.

La Note, qu'on a mise au bas de la Page sur ce Terme d'*eschaudez*, l'explique par le Supplice des Faux-Monnoïeurs tel qu'il étoit usité alors, & que nous l'avons rapporté : ce qui suffit pour démontrer, par le Genre de Mort auquel Villon fut condamné, que son Crime n'avoit point de rapport à la Fausse-Monnoie,
&

(*a*) C'est ici, page 36.   (*b*) Ici, page 162.

& qu'il étoit apparemment plûtôt coupable d'en avoir dérobé de bonne, que d'en avoir fabriqué de fauſſe.

On ne doit pas non plus s'imaginer, qu'on ait voulu en cela faire quelque ſorte de Grace à Villon. La Maniere, dont il s'explique, ſur cette Avanture, & ſur la Rigueur dont on uſa à ſon égard dans la Priſon de Melun, ne donne pas lieu de croire, qu'on fût diſpoſé à le traitter avec beaucoup d'Indulgence.

Mais, quoiqu'il en ſoit du Genre de Crime pour lequel Villon fut condamné, & qu'il s'eſt bien donné de garde de ſpécifier, il eſt toûjours aſſûré, qu'il fut mis en Priſon à Melun, au commencement de l'Eté de 1461, lui & cinq de ſes Camarades, complices du même Crime (*a*). A l'égard de l'Année, la Choſe ſe trouve prouvée par ce qu'il dit du Tems auquel le Roi le délivra, qui fut en *ſoixante & ung*, c'eſt-à-dire, 1461. Et puiſque, comme il le dit après, il fut tenu durant tout un Eté dans cette Priſon de Melun, d'où le Roi le fit ſortir, il devoit y avoir été enfermé au commencement de l'Eté de ladite Année 1461. Quant au Nombre de ſes Complices, on le trouve marqué dans la Ballade qu'il fit pour lui & pour eux, lorſque, par Sentence du Juge de Melun, ils furent condamnez tous à être pendus.

Vous

―――――――

(*a*) L'Auteur ne parle de cette Priſon de 1461, & de celle où il fut mis avec cinq de ſes Camarades, que comme d'un ſeul & unique Empriſonnement ; mais, je crois qu'il ſe trompe, & que c'en ſont deux, comme je l'expliquerai plus au long dans la Remarque ſuivante.

Vous nous voyez cy-attachés cinq, six,
dit-il dans cette Piece, page 93 (*a*).

Ce Juge de Melun, qui les condamna, s'appelloit Jacques Thibaut d'Aussigny. *Jacques* étoit son Nom de Baptême, *Thibaut* son Surnom, & d'*Auſſigny* un Nom de Seigneurie. Je vous fais cette Observation, pour vous prévenir sur une Erreur où sont tombez ceux qui ont dressé la *Table des Noms de Familles de Paris*, que Villon a citez dans ses deux *Testamens*. Comme, dans le *grand*, il nomme d'abord *Thibaut d'Auſſigny*, celui qui l'avoit fait tant souffrir dans la Prison; & que, 30 pages après, dans la même Piéce, il parle encore d'un *Jacques Thibaut*, qui l'avoit aussi fort maltraitté (*b*), les Auteurs de la *Table* en ont fait deux Hommes différens; l'un, dont le Nom de Baptême étoit *Thibaut*, & le Surnom *d'Auſſigny*; & l'autre, dont le Nom de Baptême étoit *Jacques*, & le Surnom *Thibaut*: quoique ce *Jacques Thibaut*, & ce *Thibaut d'Auſſigny*, ne soient réellement qu'un même Homme. En voici la Preuve. Dans le prémier Couplet de son *grand Testament*, il dit, page 11 (*b*), au sujet de *Thibaut d'Auſſigny*, ce qui suit:

Nonobstant maintes Peines eues,
Lesquelles j'ay toutes receues
Sous la main Thibaut d'Auſſigny.

Dans le Couplet suivant, il explique plus en détail ces Peines qu'il avoit souffertes durant
sa

(*a*) *C'est ici*, page 192. (*b*) *Voïez les Huitains I & LXII.*

sa Prison, en disant de ce *Thibaut d'Aussigny*, page 11 (a):

Peu m'a d'une petite Miche,
Et de froide Eau tout un Esté,

Peu, signifie-là *repû* : c'est-à-dire, que ses Plaintes contre *Thibaut d'Aussigny* roulent sur ce qu'il l'avoit réduit au Pain, & à l'Eau, durant tout un Eté qu'il fut en Prison sous ses Ordres. Or, les Plaintes qu'il fait au sujet de *Jacques Thibaut* sont précisément les mêmes : car, après avoir représenté, que les mauvais Traittemens, qu'il avoit reçûs durant sa Prison, l'avoient tellement changé, qu'il paroissoit vieux quoiqu'il fût jeune encore, il impute la Cause de cette prétendue Vieillesse anticipée aux Rigueurs dont avoit usé à son égard *Jacques Thibaut* durant qu'il le tenoit en Prison; ce qu'il exprime ainsi page 40 (b):

Dieu merci, & Jacques Thibaut,
Qui tant d'Eau froide m'a fait boire,
En ung bas lieu non pas en haut,
Manger d'Angoisse mainte Poire,
Enferré : &c.

Par où on voit, que *Thibaut d'Aussigny*, qui l'abreuve de *froide Eau tout un Esté*, est le même que *Jacques Thibaut*, qui lui avoit fait boire *tant d'Eau froide*. Comme le Nom de *Thibaut* peut être, & Nom de Baptême, & Surnom, on l'a emploïé en ces deux Façons :
&

(a) C'est ici, page 26.　　(b) Ici, page 83.

& c'eſt par ce Moïen, que de trois Noms on en a fait quatre, & que d'un Homme on en a fait deux (a).

CE

(a) Tout ce qui ſe dit-là, pour prouver que *Jacques Thibault*, & *Thibault d'Auſſigny*, ne ſont qu'un ſeul & même Homme, eſt fort vraiſemblable ; & c'eſt ce que j'ai conçu moi-même & confirmé ci-deſſus, Huitain I Remarque (b), & Huitain LXII Remarque (a), du *grand Teſtament* : mais, malheureuſement pour tout ce long Plaidoïé, Mr. le Duchat a parfaitement bien prouvé dans ſa Remarque (a) ſur le même Huitain I, que ce *Thibault d'Auſſigny* n'étoit nullement *Juge de Melun*, mais Evêque d'Orléans ; & que la Priſon de Villon étoit effectivement à *Mehun*, Ville du Dioceſe d'Orléans, & non pas à *Melun*, Ville du Dioceſe de Sens. Comme Villon étoit ſans contredit un Garnement d'une Friponnerie achevée, ou un *Maître paſſé en Friponneries*, comme s'eſt exprimé Paſquier, il eſt fort aiſé de ſe perſuader, qu'il tomba plus d'une fois entre les Mains de la Juſtice ; & c'eſt ce que l'Auteur n'a pu ſe diſpenſer de reconnoître lui-même ci-deſſus page 49. Cependant, il ne laiſſe pas de rapporter uniquement à ſa prétendue Priſon de Melun, qui n'eſt pourtant, comme on vient de le dire, qu'une pure Chimere, tout ce qu'il dit & cite ici du Chatiment & de la Punition de Villon : & c'eſt, à mon Gré, ſe tromper très fortement, & confondre tout. Pour le rectifier, il faudroit, ce me ſemble, compter & diſtinguer au moins deux différens Empriſonnemens. Le I fait à Paris avant l'An 1456, dont Villon paroit faire aſſez clairement Mention, non-ſeulement dans ſon *petit Teſtament* fait en 1456, Huitain XVI, en parlant du *Chatelet*, & de ſes *trois Liûs*, mais même dans ſon *Appel*, & dans ſon *Remerciment à la Cour du Parlement*, ſans Indication de Date, où il inſinue, ce ſemble, aſſez intelligiblement, que de l'Ecorcherie où on le fit *boire*, c'eſt-à-dire du Chatelet

CE que Villon dit au sujet de cette Vieilleſſe prématurée, qu'il attribue aux Rigueurs de ſa Priſon, a donné lieu encore à une Mépriſe où l'on eſt tombé dans une Note de la nouvelle Edition, faute d'avoir bien entendu ce qu'il vouloit dire dans cet Endroit page 39 (*a*). Le voici:

> . . . . *Jehanneton,*
> *Plus ne me tient pour Valeton,*
> *Mais pour ung vieil uſé Rocquart;*
> *De Vieil porte Voix & le Ton,*
> *Et ne ſuis qu'ung jeune Cocquart.*

Il faut ce ſemble, dit la Note qui eſt au bas de la Page, *Et ne ſuis un jeune Coquart*. Mais, ſauf meilleur Avis, on ne doit rien changer à ce Vers; car, voici la Penſée de Villon: *Ma Maiſtreſſe ne me tient plus pour Valeton*, c'eſt-à-dire, comme la Note l'inſinue fort bien, pour un jeune Homme encore frais, *mais pour un*

où il ſouffrit la Queſtion, il auroit paſſé au Gibet de Montfaucon avec ſes Camarades, quelques-uns deſquels y furent effectivement accrochés, ſi le Parlement, auquel il en avoit appellé, ne lui avoit fait Grace, & n'avoit commué la Sentence de Mort du Chatelet en une de ſimple Banniſſement. Et le II fait à Mehun, qu'il déſigne très-ouvertement en divers Endroits de ſon *grand Teſtament* compoſé en 1461, comme Huitains XI & CXXXIX, en parlant de *la Grille* & de *la dure Priſon de Mehun*, où il étoit détenu par Ordre de *Jacques Thibault d'Auſſigny*, Evêque d'Orléans, & de laquelle *le bon Roi Louïs XI le délivra* la même Année *ſoixante & ung*.

(*a*) *C'eſt ici,* page 82.

*un Vieillard ufé par l'Age. Je parois vieux en
effet*, à caufe des Maux que j'ai foufferts dans ma
Prifon, *& fi cependant* je ne fuis *encore* qu'un
jeune Coquart. Après quoi, il dit dans le
Couplet fuivant, qu'il en a l'Obligation à *Jacques Thibaut*, qui lui a fait boire *tant d'Eau
froide*, & qui, par les mauvais Traittemens
qu'il lui a fait effuïer, l'a réduit en tel Etat,
qu'il paroit un Vieillard décrépit, quoiqu'il foit
encore tout jeune. Il n'avoit en effet pour
lors que trente Ans. Voilà ce qu'a prétendu
dire Villon. *Je parois vieil, & fi cependant je
fuis jeune encore:* ce qui fait une Oppofition &
une forte de Contrafte, qui a de la Grace; au
lieu qu'en réformant le Vers, de la maniere
que la Note le marque, on feroit dire à Villon: *Je parois vieux, & ne fuis plus jeune*; en
quoi la Merveille ne feroit pas grande, puifqu'il eft tout naturel qu'on paroiffe vieux quand
on l'eft en effet.

Mais, de ces mêmes Rigueurs qu'il effuïa
dans fa Prifon, & qu'il détaille en partie dans
les Vers que j'ai rapportez ci-deffus au fujet de
Jacques Thibaut, j'en tire une Conféquence
fâcheufe pour notre Poëte: c'eft qu'il falloit
que le Crime, pour lequel on lui fit fon Procès, & dont il ne dit mot, fût autre chofe
qu'une Peccadille. Car, il nous apprend, qu'il
fut mis dans une Baffe-Foffe, *en un bas Lieu,
non pas en haut*: qu'il y étoit aux Fers; c'eft
ce que marque le Terme d'*enferré*: qu'il y
mangea *mainte Poire d'Angoiffe*, réduit au
Pain & à l'Eau; *la petite Miche*, & *l'Eau froide*, en font foi. Or, on n'ufe gueres d'une
pareille Rigueur, qu'à l'égard des Prifonniers
accu-

accusez de Crimes capitaux, & très-considérables.

La Condamnation de Mort, qui suivit cette rigoureuse Prison, prouve assez, que le Juge n'avoit suivi en tout cela que l'Usage ordinaire. Mais, comme on ne se rend jamais Justice, Villon, après être sorti de ses Mains, en conserva tout le Ressentiment qu'on eut pû avoir du Traittement le plus cruel & le plus injuste.

S'il m'a esté dur & cruel,
Trop plus qu'ici ne le racompte,

dit-il page 12 (*a*), au quatrieme Couplet de son *grand Testament* ; à quoi il ajoûte trente pages plus bas page 40 (*b*), & à la suite du détail de ce qu'il avoit souffert en Prison :

. . . . Quand j'en ay memoire
Je pry pour luy (& reliqua)
Que Dieu luy doint (& voire & voire)
Ce que je pense & cætera.

Vous vous imaginez bien, Monsieur, ce que Villon pouvoit penser en faveur de son Juge Jacques Thibaut d'Aussigny, & qu'il ne lui promettoit pas Poires molles, pour les Poires d'Angoisse que l'autre lui avoit fait avaller. Et quoi qu'après avoir été tiré d'Affaire, par la Protection qu'il trouva auprès du Roi, il *crie merci à tout le Monde*, dans une Ballade qu'il fit

───────────

(*a*) *C'est ici*, page 26.   (*b*) *Ici*, page 83.

fit à cet effet, & qui a pour Refrain, page 90 (*a*);

Je crye a toutes gens merciz:

si est-ce qu'il y met une Restriction à l'égard de ceux qui l'avoient si rigoureusement traitté dans sa Prison, & qu'il les en excepte formellement en disant page 91 (*b*):

Je crye merci à tous . . . . .,
Sinon aux trahistres Chiens mastins,
Qui m'ont faict manger dures Crostes,
Et boire Eau maintz soirs & matins.

Il paroit que cette Eau froide, qu'on lui fit boire durant tout un Eté, lui tient fortement au Cœur, tant il y revient souvent. Le Compagnon n'étoit pas fait à ce Régime. Il s'en prend, & à *Jacques Thibaut d'Aussigny*, & à son Lieutenant, & au petit Maître Robert, qui a bien la Mine d'avoir été son Geolier:

Je les ayme tout d'ung tenant
Ainsi que faict Dieu le Lombart,

dit-il page 40 (*c*), en parlant d'eux tous. C'est-à-dire, qu'il les aimoit, comme Dieu aimoit les Usuriers; car, les Lombarts étoient alors si généralement diffamez sur le Fait de l'Usure, que *Lombart*, & *Usurier*, étoient devenus Termes Sinonimes.

(*a*) *C'est ici*, page 182.   (*b*) *Ici*, page 183.
(*c*) *Ici*, page 54.

Ce fut enfin au bout de ces trois ou quatre Mois d'une Prison telle qu'il nous l'a dépeinte, que le Procès de Villon fut terminé par une Sentence, qui le condamna lui & ses Complices, à être pendus en Place publique. Villon ne fut, ni Fou, ni Bête, en cette Occasion, où il n'étoit pas question de se taire, d'autant plus que ce n'étoit pas l'Usage en ce Tems-là, qu'on appellât pour le condamné; qu'il étoit Maître de s'en tenir à son prémier Jugement, auquel s'il acquiesçoit, la Sentence étoit exécutée. Aussi Villon, à qui le Jeu ne plaisoit pas, ne manqua pas d'en appeller bravement. Il nous l'apprend lui-même dans une *Ballade*, qu'il fit *sur cet Appel* page 94 & 95 (*a*), & qui est véritablement une des plus jolies Pieces qui nous restent de l'ancienne Poësie Françoise. Je dis *ancienne*, par rapport au Siecle de Villon ; car, à considérer la Piece en elle-même, on ne la jugeroit pas d'un Tems si éloigné. Le Vers, qui fait le Refrain de la Ballade, & sur lequel elle roule entiérement, est celui-ci, page 95 (*b*):

Estoit-il lors Temps de me taire ?

Toute la Piece est d'ailleurs si ingénieusement maniée, les Tours en sont si naïfs, & les Chûtes si naturelles, que je ne sçais si nos meilleurs Poëtes d'aujourd'hui pourroient s'en tirer mieux. Cette Ballade est adressée à un de ses Amis, nommé Garnier, dont on a oublié le Nom dans la *Table des Familles de Paris*
dont

──────────
(*a*) *C'est ici*, page 195.   (*b*) *Ici*, page 195.

dont parle Villon (*a*). Voici comme il débute dans cette Ballade:

> *Que vous semble de mon Appel,*
> *Garnier, fis-je Sens ou Folie?*
> *Toute Beste garde sa Pel.*
> *Qui la contrainct, efforce, ou lye,*
> *Se elle peult elle se deslie.*
> *Quant donc, par Plaisir volontaire,*
> *Chanté me fut ceste Homélie,*
> *Estoit-il lors Temps de me taire?*

L'Homélie étoit, qu'il seroit pendu; & le Ton de pareille Homélie ne lui sembloit pas gracieux. Il en appella donc: & jamais il ne se sçût si bon Gré d'aucune Action qu'il eût faite en sa Vie, comme de cet Appel. Rien n'est plus plaisant, ni plus badin, que le Retour qu'il fait sur ce qu'il eut alors assez de Présence d'Esprit, pour appeller de la Sentence page, 95 (*b*):

> *Cuidez-vous que sous mon Cappel*
> *N'y eust tant de Philosophie,*
> *Comme de dire, J'en appel?*
> *Si avoit, je vous certifie.*

Bien lui en prit, comme il l'ajoûte dans l'Envoi de la Ballade, de n'avoir pas pour lors la Pepie, page 95 (*c*).

Prin-

(*a*) On l'y a mis dans cette Edition-ci, aussi bien que beaucoup d'autres qui avoient été oubliés de même.

(*b*) *C'est ici*, page 197. (*c*) *Ici*, page 197.

Prince, si j'eusse eu la Pepie,
Pieçà je fusse où est Clotaire,
Aux Champs debout comme un Espie.
Estoit-il lors Temps de me taire ?

Je ne dois pas omettre ici un Usage de ce Tems-là, qui est marqué sur la Fin du troisieme Couplet de sa Ballade ; & qui est, que quand on prononçoit une Sentence de Mort à un Criminel, il devoit y avoir un Notaire présent à la Prononciation ; apparemment, afin que le Notaire prît Acte de l'Acquiescement ou de l'Appel de celui à qui on avoit prononcé la Sentence. Voici comme Villon exprime la Chose, page 95 (*a*) ;

Quant on me dit, présent Notaire,
Pendu serez, je vous affie,
Estoit-il lors Temps de me taire ?

Il forma donc son Appel, à telle fin que de raison, & sans s'en promettre beaucoup, comme il l'insinue dans la même Ballade, où il fait entendre, qu'il ne s'y fie pas plus qu'il ne faut : de sorte que le Profit le plus clair, qu'il espérât d'en tirer, étoit de prolonger du moins sa Vie jusqu'à la Confirmation de la Sentence. Il s'attendoit si bien à la voir confirmer, qu'il fit par avance, pour lui, & pour ses Compagnons la Ballade qui commence par ce Vers, page 93 (*b*) :

Fre-

_____

(*a* *C'est ici*, page 197.   (*b*) *Ici*, page 193.

Freres humains, qui après nous vivez,

& dans laquelle il se regarde, lui & ses Camarades, comme déjà pendus: à quoi il ajouta l'Epitaphe en quatre Vers sur une même Rime, que nous avons rapportée, & qu'il dressa pour lui en particulier.

Avouèz, Monsieur, qu'il faut avoir un grand Fond de Gaïeté, pour plaisanter en pareille Conjoncture, & badiner sur une Matiere si sérieuse. C'est pis en un Sens, que ce que les Anciens appelloient, *pingere sub Gladio*, & cela peut s'appeller, *rimer à l'Ombre du Gibet*.

La Chose n'a pas plû à Etienne Pasquier, qui, je ne sçais pourquoi, le prend toûjours sur un Ton chagrin, quand il parle de Villon. *Il pouvoit*, dit-il, *donner Carriere à son Esprit en plusieurs autres Matieres*. Cela est vrai: mais encore faut-il considérer, qu'un Homme du Caractere de Villon mérite en cela plus d'Indulgence qu'un autre; & qu'il y a même une sorte de Grandeur d'Ame à envisager la Mort d'un Air aussi serain que parut le faire Villon dans cette Situation. On doit d'ailleurs le trouver d'autant plus excusable, que cette Ballade, qu'il fit en forme d'Epitaphe pour lui & pour ses Camarades, avec qui il s'attendoit d'être pendu, n'a rien que d'édifiant (*a*). Elle ne renferme

_____

(*a*) Admirable Apologie, ou plûtôt nouvelle Chicane, assez mal-à-propos suscitée à Pasquier, qui avoit très-grande Raison de condamner ce Badinage affreux dans une Circonstance si déplorable. En ef-

ferme en effet qu'une Exhortation chrétienne & touchante, par laquelle il excite tout le Monde à prier Dieu pour lui, & pour les Compagnons de son Infortune. Je n'en rapporterai ici que le dernier Couplet, qu'on appelle l'*Envoi* dans les Ballades. Il est adressé à Notre-Seigneur, à qui il parle ainsi page 94 (*a*):

Prince Jesus, qui sur tous seigneurie,
Garde qu'Enfer n'ayt de nous la Maistrie,
A luy n'ayons, que faire, ne que souldre.

Et revenant ensuite aux Hommes à qui il avoit addressé la Ballade, il conclut par ces Paroles, page 94 (*b*):

Ne soyez donc de nostre Confrairie,
Mais, priez Dieu, que tous nous veuille absouldre.

Il s'attendoit effectivement à être branché, quand

fet, le Quatrain de Villon n'étoit qu'une mauvaise & misérable Plaisanterie, qui n'étoit guere bonne, qu'à grossir le petit Recueil des *Réflexions sur les Grands-Hommes morts en plaisantant*; & l'on ne comprend pas comment le Pere du Cerceau a pu se résoudre à s'en déclarer publiquement le Défenseur. Peut-être entroit-il là-dedans un peu de cet Esprit de Compagnie si ordinaire dans tous les Corps, tant Civils qu'Ecclésiastiques; & que, dans la Censure de Villon par Pasquier, le Pere du Cerceau ne condamnoit effectivement, & peut-être même sans s'en appercevoir, que son *Plaidoïé contre les Jésuites*, & son trop fidele *Catechisme* de leurs Maximes.

(*a*) *C'est ici*, page 194. (*b*) *Ici*, page 194.

quand il fit cette Piece ; mais, Dieu eut Pitié de lui, & permit qu'il trouvât de la Protection auprès de Louïs XI, qui ne faifoit que de monter fur le Trône. Car, comme nous l'avons vérifié ci-devant, ce fut après que Villon eut paffé tout un Eté en Prifon, que le Roi l'en tira en foixante & un, c'eft-à-dire, en 1461 ; & ce Roi s'appelloit Louïs, comme nous le montrerons ci-après (*a*). Or, Charles VII, Prédéceffeur & Pere de Louïs XI, (*Chronique Scandaleufe*,) mourut au Château de Meum fus Yevre (*b*), le Mercredy 22 de Juillet, Jour de Sainte Magdelene. Ainfi, ce ne fut que durant l'Eté de cette Année, que Louïs XI lui fuccéda, & fut en état de faire Grace à Villon.

Il y a lieu de croire, que quelque Grand-Seigneur s'intéreffa pour lui auprès du Roi, & parla en fa Faveur. Peut-être fut-ce le Duc de Bourbon, qu'il regardoit comme fon Protecteur, & dont il fe dit la Créature dans la Ballade qu'il a faite pour lui, & où il s'exprime fur ce Ton, page 100 (*c*) :

A Prince n'a ung Denier emprunté,
Fors à vous feul, voftre humble Créature.

Ce qu'il y a de certain, c'eft que ce fut Louïs XI, qui le tira de la Prifon, & qui lui fauva la

(*a*) Peine perdue, & Travail inutile ; car, perfonne n'ignore, ni ne contefte, que *Loys, le bon Roy de France*, qui régnoit *en foixante & ung*, ne fût *Louïs XI*.

(*b*) Meun fur Yeure. (*c*) *C'eft ici*, page 204.

la Vie, comme Villon le témoigne au Couplet onzieme de son *grand Testament*, où il le date de la maniere suivante, page 14 (*a*):

Escript l'ay l'An soixante & ung,
Que le bon Roy me delivra
De la dure Prison de Mehun,
Et que Vie me recouvra.

En quoi il dit deux Choses: la prémiere, que le Roi le tira de Prison: & la seconde, qu'il lui sauva la Vie. Et quoiqu'il ne spécifie point ici ce Roi, on ne peut douter que ce ne soit Louïs XI, qu'il avoit désigné trois Couplets auparavant, en disant page 13 (*b*):

Et Loys le bon Roy de France;

ce qui ne peut s'entendre, comme nous l'avons justifié ci-devant, que du Roi Louïs XI.

La Grace, que Louïs XI fit à Villon, ne fut pas cependant absolue & entiere; & il falloit, comme je l'ai déjà insinué, que son Crime fût considérable, puisque toute la Faveur qu'on put lui faire, ce fut de commuer sa Peine en modérant la Sentence de Mort, que le Parlement, selon la Volonté du Roi, changea en Bannissement. C'est ce qui paroit par la *Requête de Remerciment en forme de Ballade*, que Villon présenta au Parlement, & où il dit, page 96 (*c*):

Court

(*a*) C'est ici, pages 10. & 31.   (*b*) Ici, page 29.
(*c*) Ici, page 198.

> *Court souveraine, par qui sommes ici,*
> *Vous nous avez gardé de desconfire ;*

c'est-à-dire, vous nous avez préservez de Mort, moi & mes Camarades, qui y étions condamnez par la Sentence que vous avez bien voulu adoucir en notre Faveur, en la réduisant à un Bannissement. Car, qu'il fut banni par l'Arrêt qui réforma la Sentence, c'est ce que dit assez clairement l'Envoi de la Ballade, où il demande au Parlement un Répit de trois Jours, pour faire ses Adieux, & disposer de ses Affaires, avant que de se retirer, page 97 (*a*) :

> *Prince, trois Jours ne veuillez m'escondire,*
> *Pour moy pourvoir, & aux miens Adieu dire.*
> *Sans eux Argent je n'ay ici, n'aux Changes.*
> *Court triumphant', fiat, sans me desdire.*

Il s'étoit si peu attendu à en être quitte à si bon Marché, qu'il en témoigne une très-vive Reconnoissance pour le Roi dans le Commencement ou Prélude de son *grand Testament*, dont il emploie le huitieme & le neuvieme Couplet à faire des Vœux pour Louïs XI, à qui il avoit la principale Obligation de cette Faveur.

Il fait encore Mention de son Bannissement, ou Exil, dans une espece de *Requiem*, composé pour lui-même en forme de Rondeau, où il dit, page 87 (*b*) :

> *Rigueur le transmit en Exil,*
> *Et luy frappa au Cul la Pelle,*

(*a*) C'est ici, page 200.   (*b*) Ici, page 176.

Nonobstant qu'il dit J'en appelle,
Qui n'est pas Terme trop subtil.

Il sembleroit, par ce qu'il dit en ces Vers qu'il fut envoïé en Exil nonobstant son Appel, qu'il s'agiroit ici d'une autre Affaire que de celle de Melun (a): & qu'il n'eût appellé dans celle-ci que d'une Sentence qui le condamnoit au Bannissement. Mais, il est évident par son *Remerciment au Parlement*, que cette Cour l'avoit gardé *de desconfire*, c'est-à-dire, d'être mis à Mort, & l'avoit cependant condamné au Bannissement, comme je l'ai fait remarquer dans l'Envoi de la Ballade. Et, quoi qu'il dise, que le Terme de *J'en appelle* n'est pas trop subtil, il le fut pourtant assez pour lui sauver la Vie, puisque ce fut à la faveur de cet Appel, qu'on eut le Tems de solliciter pour lui la Protection du Roi, qui, comme il l'avoue lui-même, lui sauva la Vie.

Il y a lieu de juger, que le Bannissement, auquel on condamna Villon, ne fut pas un Bannissement hors du Roïaume, puisqu'il se retira en Poitou. La Preuve s'en trouve dans son *grand Testament* page 53 (b), où il dit, que quoi qu'Enfant de Paris, il parle un peu Poitevin. Ce qu'il ajoute ensuite marque, que ce fut à Saint-Genou près Saint-Julien, sur le Chemin qui mene de Poitou en Bretagne, qu'il se retira. Il n'avoit que trente Ans,

(a) Aussi cela est-il vrai, comme je l'ai fait voir ci-dessus, page 57, Remarque (a): & ce léger Soupçon auroit dû conduire l'Auteur jusqu'à distinguer deux divers Emprisonnemens, l'un à Paris d'où il fut banni avant 1456, & l'autre à Meun d'où Louïs XI le tira.
(b) *C'est ici*, page 108.

Ans, quand il écrivit ce *Testament*: la Date le justifie. Il ne le fit que depuis sa Prison de Melun; & il n'avoit que trente Ans, quand il en sortit, comme nous l'avons fait voir. Ce fut donc en Poitou, qu'il se retira immédiatement au sortir de Prison, & qu'il dressa ce *Testament*.

Comme à l'Age de trente Ans la Raison doit commencer à meurir, même dans ceux chés qui elle meurit le plus tard; & que, d'ailleurs, les Adversitez aident à la réveiller; les mauvaises Affaires, qu'il avoit eues, lui firent faire des Réfléxions sérieuses sur sa Conduite passée, & efficaces pour suivre une Route moins dangereuse à l'avenir. C'est ce qu'il nous apprend dans son *grand Testament* page 14 (a), où il marque, que les Miseres, où il avoit passé, lui en avoient plus appris, que n'auroient pû faire les Commentaires sur la Morale d'Aristote:

> *Or est vray qu'après Plainctz & Pleurs*
> *Et angoisseux Gémissemens,*
> *Après Tristesses & Douleurs,*
> *Labeurs & griefz Cheminemens,*
> *Travail mes lubres Sentemens*
> *Aguisa (rondz comme Pelote)*
> *Me monstrant plus que les Commens*
> *Sur le Sens moral d'Aristote.*

Ce Couplet est ici rapporté de la maniere que Clément Marot l'a rectifié. On peut voir dans sa *Préface* de quelle étrange Façon il avoit été défi-

(a) C'est ici, page 31.

défiguré & estropié dans les Editions précédentes. Villon renferme entre deux Parentheses ces Mots (*rondz comme Pelote*,) pour signifier, que l'Adversité aiguisa ses Sentimens, qui étoient auparavant *rondz comme une Pelote*: c'est-à-dire, qu'avant ses Malheurs, il n'y faisoit pas tant de Façons, & qu'il suivoit bonnement & librement ses Inclinations, sans réfléchir sur les Suites; mais, que l'Expérience, & les Maux qu'il avoit eu à souffrir, & la Peine où il se voïoit encore actuellement, lui avoient fait mettre de l'Eau dans son Vin, & avoient aiguisé ses Réfléxions (*a*). Je dis *la Peine où il se voïoit encore*; car, quand il partit de Paris pour se retirer en Poitou, il se trouva en pauvre Equipage.

Il se plaint d'avoir été abandonné de ses Parens, à Guillaume de Villon près, qu'il nomme *son plusque Pere*, pour les bons Offices qu'il en reçût : mais, à l'égard des autres, il dit qu'il n'y avoit pas jusqu'au moindre d'entre eux, qui ne le desavouât. Il les excuse pourtant en quelque sorte, en imputant page 18 (*b*) leur Dureté à l'Impuissance où ils étoient de le secourir :

Des

(*a*) Voilà bien de la Morale perdue; car, *Aiguiser ronds comme Pelote*, n'est autre-chose qu'une espece d'Antithese, semblable à celles-ci, *Avancer comme une Ecrevice, Courrir comme une Tortue* : & si Villon *mit de l'Eau dans son Vin*, & aiguisa *ses Réfléxions*, ce ne fut sans doute que *par Fiction Poëtique*, comme ne le prouve que trop tout le Reste de son *Testament*, & comme le reconnoît ci-dessous lui-même l'Auteur, pages 77, 78, & 80.

(*b*) C'*est ici*, page 37.

Des miens le moindre (je dy voir)
De me defadvouër s'avance ;
Oublyans naturel Devoir,
Par faulte d'ung peu de Chevance.

Il ne trouva pas plus de Reſſource chez ſa Maîtreſſe, de qui il étoit d'autant plus en Droit d'attendre quelque Aſſiſtance, qu'elle avoit au moins été l'Occaſion du Crime qui l'avoit fait condamner à Mort. C'eſt ce qu'il fait entendre dans la Ballade, qu'il lui adreſſe page 48 (*a*), & dont le Refrein eſt, qu'on doit,

Sans empirer ung Povre-ſecourir.

Il dit, en effet, dans le milieu du prémier Couplet (*b*) :

Nommer te puis de ma Deffaçon Seur ;

c'eſt-à-dire, ſelon la Note de Clément Marot, *Parente de ma Ruine & Défaite*; ou, pour parler plus correctement, Cauſe de mon Malheur, & Cauſe bien prochaine, comme ſemble le marquer le Terme de *Sœur* qu'il emploïe. Il ajoute dans le Couplet ſuivant, page 49 (*c*) :

Ores j'en ſuis en Fuyte & Deshonneur ;

ce qui marque, que ſa Débauche avoit donné
Occa-

(*a*) C'eſt ici, page 99.   (*b*) La même page.
(*c*) Ici, page 100.

Occasion au Crime pour lequel il étoit banni & diffamé.

ABANDONNÉ donc, & des siens, & de sa Maîtresse, sur qui il avoit compté, il se retira en Poitou,

En chevauchant sans Croix ne Pille.

A quoi il ajoute ensuite page 15 (*a*), que Dieu, qui assista les Pélerins d'Esmaux, lui *monstra une bonne Ville*, (c'est apparemment Saint-Genou, dont il parle en un autre Endroit page 53 (*b*),) & *le pourveut du Don d'Espérance*. Si le Bel-Esprit eut été Monnoie dont on eut encore fait Cas dans ces Tems-là, Villon n'eut pas été à plaindre. Mais, apparemment que dès-lors étoit passé le Tems, où, comme dit Madame des Houlieres dans un Rondeau,

. . . . *d'un Bon Mot,*
Stance, ou Dixain, on payoit son Ecot :

car, le pauvre Villon se trouva dans un Etat si déplorable, que si, comme il le dit, la Crainte de Dieu ne l'eut retenu, il se seroit donné la Mort. Voici, comme il s'en explique en parlant de lui-même en tierce Personne, page 28 (*c*) :

Or, luy convient-il mendier ;
Car, à ce faire le contrainct,

Re-

―――――――――――――
(*a*) C'est ici, page 32.   (*b*) Ici, page 109.
(*c*) Ici, page 58.

Requiert huy ſa Mort & hyer.
Triſteſſe ſon Cœur ſi eſtraint
Souvent (ſi n'eſtoit Dieu qu'il crainct)
Il feroit ung horrible Faict,
Si advient qu'en ce Dieu enfrainct,
Et que luy-meſme ſe deffaict.

CET Etat d'Abandon & de Miſere où il ſe vit, joint à l'Infamie du Banniſſement & du Supplice qu'il avoit à grand-peine évité, lui firent faire des Retours très-ſérieux ſur ſes Egaremens paſſez. Il en parle, comme un Homme, qui en eſt revenu, & qui les condamne: & s'il tâche à les excuſer, ce n'eſt que par Réflexion ſur l'Age où il s'y eſt laiſſé aller, & à titre d'Egaremens de Jeuneſſe. Voici comme il s'en explique page 15 (*a*):

Et comme le noble Romant
De la Roſe dit & confeſſe
(En ſon premier Commencement)
Qu'on doit jeune Cueur en Jeuneſſe
(Tant qu'il ſoit meuri par Vieilleſſe)
Excuſer; &c.

CES Conſidérations opérérent en lui, ſi-non un Changement total de Vie, du moins une Conduite plus meſurée, & plus de Précaution & de Retenue dans ſes Saillies. S'il ne donna pas dans la Débauche avec autant d'Excès qu'auparavant, ce ne fut pas manque de bonne Volonté; & il n'en eut Obligation qu'à ſa Pau-

(*a*) *C'eſt ici*, page 33.

Pauvreté & à sa Misere, comme le témoignent bien les Vers suivans page 18 (a) :

Bien est il vray que j'ay aymé,
Et aymeroye voulentiers.
Mais, triste Cueur, Ventre affamé,
Qui n'est rassasié au tiers,
Me oste des amoureux Sentiers.
Au fort quelqu'un s'en recompense,
Qui est remply sur les Chantiers;
Car de la Panse vient la Danse.

Ce Couplet fait bien voir, que le Cœur n'étoit pas changé. Aussi conserva-t-il toûjours quelque-chose du Libertinage de son Humeur, revenant toûjours à ses Amourettes, tirant volontiers sur le Prochain, & plus volontiers encore sur les Gens d'Eglise ; mais, pourtant, avec quelque sorte de Timidité, & retirant au plûtôt sa Main, en Homme qui dit, *Ce n'est pas moi.*

Il fait lui-même son Portrait au juste sur la Situation où il se trouvoit alors, en disant qu'il n'étoit, ni tout-à-fait fou, ni tout-à-fait sage : c'est-à-dire, qu'il étoit encore le même pour le Fonds ; mais, que l'Expérience du Passé l'obligeoit à aller un peu plus Bride en main, pour ne point donner dans les Ecueils où il avoit pensé périr, page 11 (b) :

En l'An de mon trentiesme Eage,
Que toutes mes Hontes j'eu beues,

(a) C'est ici, page 38.   (b) Ici, page 23.

Ne du tout fol, encor ne sage,
Nonobstant maintes Peines eues, &c.

Voilà comment il s'en explique au prémier Couplet de son *grand Testament.* Il fut en effet plus retenu depuis ce Tems-là, & autant circonspect que le pouvoit être un Homme de son Caractere. Il semble même vouloir faire le Barbon à trente Ans. Du moins est-ce ce qu'il insinue dans les Vers suivans, page 18 (*a*) :

Car s'en Jeunesse il fut plaisant,
Ores plus rien ne dit qui plaise,
(Tousjours vieil Singe est deplaisant.)

C'est ce que signifie le vieux Proverbe, qui dit que jamais vieux Singe ne fit belle Moue. Il se représente à cet Age comme un Homme embarassé dans une Gravité forcée, qui le met hors de Contenance, également mal-venu, soit qu'il parle, soit qu'il se taise, page 18 (*b*) :

S'il se taist (affin qu'il complaise)
Il est tenu pour fol recreu.
S'il parle, on lui dit qu'il se taise,
Et qu'en son Prunier n'a pas creu.

J'ai suivi, au second Vers, les anciennes Editions où il y a *recreû*, qui me paroit meilleur que *reçeu*, comme il est dans l'Edition de Clément Marot. C'est-à-dire, selon le Sens de ces Vers, que Villon devint honteux à trente Ans. Peut-être ne le fut-il que par Fiction
Poë-

(*a*) C'*est ici,* page 58.   (*b*) *Ici,* page 58.

Poëtique. Mais, ce qu'il y a de certain, c'eſt qu'il devint pareſſeux : du moins ne nous reſte-t-il gueres de Vers de ſa Façon, qu'on puiſſe juger avoir été faits depuis ſon *grand Teſtament*, qu'il fit à trente Ans.

Je ne ſçai ſi je me trompe, Monſieur ; mais, je ne puis m'empécher de ſoupçonner, qu'il ne devint pareſſeux dans la ſuite, que parce qu'il ſe trouva plus à ſon Aiſe. Car, ſi l'on en croit Rabelais dans ce qu'il raconte de Villon au IV Livre, Chapitre LXVII, de ſon *Pantagruel*, il fut fort en Faveur auprès d'Edouärd V, Roi d'Angleterre : & il n'eſt pas poſſible, qu'il ait été auſſi avant, qu'il le repréſente, dans les Bonnes-Graces de ce Prince, ſans avoir reſſenti quelques Effets de ſa Libéralité. N'allez pas rejetter l'Autorité du *Pantagruel* de Rabelais : car, quoique cet Ouvrage ne roule que ſur des Fictions badines, l'Auteur n'en mérite pas moins de Créance par rapport aux Traits Hiſtoriques, qu'il y enchaſſe, & qu'il n'y emploïe que comme Faits conſtans & reçus communément de tout le Monde. Vous pouvez lire l'Endroit cité de Rabelais : & vous y trouverez des Preuves de la grande Familiarité dans laquelle ce Prince trouvoit bon que Villon vécût avec lui (*a*).

Mais,

(*a*) Quoiqu'en diſe le Pere du Cerceau, qui, dans tout le Cours de cette *Lettre*, paroit ſe livrer un peu trop à l'Eſprit commentateur, qui gloſe ennuïeuſement ſur tout ; changer d'Opinion à chaque Inſtant, de la Maniere du Monde la plus inconſtante ; & ſe rendre digne ainſi de l'Application du

Deſtruit, ædificat, mutat quadrata rotundis :
cette prétendue grande Familiarité a d'autant plus l'Air d'un Conte fait-à-plaiſir, que l'infortuné Edouärd,

Mais, de quelque Principe que pût venir la Pareſſe de Villon, après qu'il eut achevé ſon *grand Teſtament*, nous ne voïons rien qui nous donne lieu de croire, qu'il ait beaucoup travaillé depuis ce Tems-là. En effet, toutes les *Poëſies de* Villon ſe réduiſent à trois Eſpeces : 1°, ſon *petit Teſtament* ; 2°, ſon *grand Teſtament* ; 3°, quelques autres *Pieces détachées* en très petit Nombre. Il faut vous rendre Compte de toutes.

A l'égard de ſon *petit Teſtament*, il fut fait en 1456, comme il le date lui-même dès le prémier Vers. Ce fut ſans ſon Aveu, qu'on donna à cette Piece le Nom de *Teſtament* ; & il le déclare lui-même page 40 (*a*), par ce Couplet de ſon *grand Teſtament*, fait cinq Ans après :

Si me ſouvient bien (Dieu mercys,)
Que je feis à mon Partement

Cer-

douärd V n'étoit qu'un Enfant, qui n'a régné que deux Mois, & qui n'a guere eu le Loiſir d'écouter les Fadaiſes, que Rabelais prête à Villon, aïant d'abord été ſacrifié à l'Ambition démeſurée de Richard III ſon Oncle : & c'eſt ce que l'Auteur, qui s'amuſe à chicaner ſur des Vetilles, n'auroit pas dû négliger d'obſerver. Si Villon avoit effectivement paſſé en Angleterre, & y avoit eu quelque Familiarité avec le Roi, ç'auroit dû être avec Edouärd IV, qui a régné depuis 1461 juſqu'en 1483 ; mais, cela ne lui ſauroit non plus convenir, vû qu'étant mort à 42 Ans, Villon ou Rabelais ne laiſſe pas de lui reprocher ſes *vieulx Jours*. Encore une fois, tout cela ne me paroit qu'une Fable aſſez groſſiérement imaginée, pour loüer la Valeur du Roi de France aux Dépens de celle du Roi d'Angleterre : & il n'y avoit qu'un Homme tel que Rabelais, qui pût emploïer un pareil Panégirique.

(*a*) *C'eſt ici*, page 84.

Certains Lays l'An cinquante six,
Qu'aucuns (sans mon Consentement)
Voulurent nommer Testament.
Leur Plaisir fut, & non le mien.
Mais quoi! On dit communément,
Qu'un chascun n'est Maistre du sien.

Que ce fût de son Consentement, ou non, qu'on baptisa cette Piece du Nom de *Testament*, cela n'empeche pas que le Nom ne fût bien donné; & si bien même, qu'il n'étoit pas possible d'en donner un plus convenable: puisque cette Piece, aussi-bien que la suivante, est réellement en Forme de Testament; & que toutes deux renferment différens Legs, ou gracieux, ou satiriques, qu'il fait aux uns & aux autres, selon qu'il a lieu de s'en louër ou de s'en plaindre. On nomma la prémiere le *petit Testament*, & la seconde le *grand Testament*, à la différence du prémier, qui est de beaucoup plus court, & qu'il fit dans un Dépit amoureux. *En ce temps,* dit-il page 2 (*a*),

Me vint Voulenté de briser
La très amoureuse Prison,
Qui faisoit mon Corps desbriser, &c.

Il ne croïoit pouvoir se guérir de son Amour, que par la Mort : mais, il se contenta de mourir poëtiquement, comme la plûpart des autres Amans. Il lui auroit fallu mourir trop souvent, s'il avoit pris les Choses plus à cœur; car, il paroit par ses Ouvrages, qu'il ne fut pas

(*a*) *C'est ici,* page 5.

pas heureux en Amour. Il penſa être pendu, pour l'Amour d'une de ſes Maîtreſſes, comme nous l'avons vû. Une autre le fit battre comme Plâtre, ou comme on bat la Léxive, ainſi qu'il s'en plaint dans les Vers ſuivans, page 36 (a):

> *J'en fuz batu comme à Ru Telles,*
> *Tout nud, ja ne le quiers celer.*
> *Qui me feit maſcher ces Groiſelles,*
> *Fors Katherine de Vauſelles? &c.*

Sans compter les autres mauvaiſes Avantures, dont il touche quelque choſe en différens Endroits. Car, on peut dire, qu'il n'eſt pas de ces Poëtes glorieux, qui, ſi l'on s'en rapporte à leurs Ouvrages, n'ont jamais trouvé de Cruelles. Villon, au-contraire, n'en trouva preſque jamais d'autres : du moins ne fait-il Mention de ſes Avantures amoureuſes, que comme un Homme qui n'a pas Sujet de s'en loüer.

LE *petit Teſtament*, dont nous venons de parler, ne contient que dix Pages, au lieu que le *grand* en occupe quatre-vingt. Celui-ci ne fut fait qu'en 1461, après qu'il ſe fut retiré en Poitou au ſortir de Priſon. Il y a une Différence entre celui-ci & le *petit*, outre celle de leur Etendue, qui eſt que le *petit* eſt uniforme, & tout compoſé de *Huitains* de la même Forme; au lieu que le *grand* renferme pluſieurs Pieces différentes, qui s'y trouvent enclavées, & qui en font Partie, comme *treize Ballades, deux* eſpeces de *Rondeaux,* & *quatre* autres *Pieces particulieres.* C'eſt ce qu'il me ſem-

---

(a) C'eſt ici, page 75.

semble qu'on auroit dû diſtinguer dans la *Table*, en marquant que toutes ces Pieces, qui y ſont rangées, comme détachées du *grand Teſtament*, en ſont des Dépendances & entrent dans ce qui le compoſe (*a*). Je croirois aſſez volontiers, que ces Pieces différentes avoient été compoſées ſans rapport au Lieu où on les a placées; & que Villon, voulant renfermer ces Pieces ſous un mêmè Titre, & faire un Tout de ces Parties détachées, avoit eu l'Habileté de les enchaſſer à propos dans ſon *grand Teſtament*, qui, pour le reſte, n'eſt compoſé que de *Huitains* de même Forme que ceux du *petit*.

L'Epoque du Tems de ces deux *Teſtamens* ne monte point plus haut que l'an 1461, auquel Villon n'avoit encore que trente Ans. A l'égard des autres Pieces qui nous reſtent de lui, celles, qu'il fit ſur les Avantures de ſa Priſon, ſont encore de la même Epoque. Le Reſte ne conſiſte que dans trois ou quatre petites Pieces, qui peuvent avoir été faites dans le même Tems que les autres : mais, quand elles auroient été faites depuis, ce ſeroit peu de choſe pour le Reſte de la Vie de Villon, qui ne mourut pas jeune, ſi l'on en croit ce que dit Rabelais dans ſon *Pantagruel*, Livre IV, Chapitre XIII, d'une Avanture qu'il eut en Poitou *ſus ſes vieulx Jours*, lorſqu'il entreprit de faire joüer à Saint Maixent la Paſſion en Geſtes & Langage Poitevin.

Je ne mets point en Ligne de Compte cinq ou ſix Ballades d'une Eſpece particuliere, faites

---

(*a*) C'eſt ce qu'on a eu un Soin tout particulier de diſtinguer ici, comme on l'a pu remarquer ci-deſſus dans la *Liſte des Ouvrages de* VILLON.

tes en *Jargon* ou *Langage d'Argot*, qui est ce qu'on appelle le *Langage des Gueux*, ou même *des Filoux*; parce qu'il est très vraisemblable, que ce ne peut être qu'un Ouvrage de la Jeunesse de Villon, & dans le Tems qu'il faisoit le Métier d'Écolier fripon dans l'Université de Paris (a). Elles sont, d'ailleurs, inintelligibles. C'est ce qui a fait dire à Clément Marot dans sa Préface: *Touchant le* Jargon, *je le laisse à corriger & exposer aux Successeurs de Villon en l'Art de la Pinse & du Croq*, c'est-à-dire, en l'Art de Filouterie. On y trouve quelques Termes, qui marquent bien l'Ancienneté de l'Argot, puisqu'ils étoient en Usage dès le Tems de Villon, comme ils le sont encore aujourd'hui. Mais, le plus grand Nombre est de ceux qu'on n'entend plus, ou du moins qui ne se trouvent point dans les dernieres Editions du *Dictionaire de l'Argot*: & je doute, que les plus habiles Maîtres en Langage Argotique fussent assez profonds en cette Matiere, pour en rendre bon Compte. S'il y en a qui se flattent d'en

(a) Cela n'est pas bien fondé; puisqu'il est visible, tant par la *Ballade XVI* insérée dans le *grand Testament*, que par la II du *Jargon*, que deux des Compagnons de Débauche de notre Poëte, sçavoir *René de Montigny*, & *Colin de Cayeux*, ou *Colin l'Escailler*, qui paroit manifestement un seul & même Avanturier, *perdirent la Peau*, c'est-à-dire, furent pendus, pour avoir été *s'esbatre*, c'est-à-dire, faire quelque mauvais Coup, *à Ruël*; & que c'est vraisemblablement pour la même Raison, que trois autres Camarades de VILLON furent aussi pendus, lui seul aïant obtenu sa Grace de Louis XI.

d'en sçavoir assez pour cela, ils trouveront, dans les Pieces de Villon dont nous parlons, de quoi enrichir considérablement le *Dictionaire de l'Argot*, & en faire une Edition beaucoup plus riche & plus complete, que toutes celles qu'on a faites en si grand Nombre jusqu'à présent ; car, je ne sçai s'il y a Dictionaire au Monde, qui ait été plus souvent imprimé. Si l'on entreprenoit cet Ouvrage, je crois que le plus sûr seroit de le faire par Souscriptions : & il y a Apparence, qu'on ne manqueroit pas de Souscripteurs ; car, outre le Rapport nécessaire qu'à ce Dictionaire aux Gueux & aux Filoux, dont le Nombre est assez grand, il est encore certain, que ce seroit un Livre Classique pour les Porte-Bales & petits Merciers de la Campagne, qui, en plusieurs Provinces de France, ne se servent guere entre eux, d'autre Langage dans les Factures de leur Commerce.

Pour revenir aux *Poësies de* Villon, elles se réduisent au Dénombrement que je viens de vous en faire. On a ajoûté au bout quelques autres *Poësies*, qui ne sont pas de lui, mais qui sont, pour la plûpart, environ du même Tems. Telles sont les *Repuës franches*, faites apparemment par quelques-uns de ses Disciples en Friponnerie, comme en Poësie, & qui ne sont qu'un Récit des Tours de Souplesse mis en œuvre par Villon, quand il vouloit régaler ses Camarades aux Dépens de ceux qu'il pouvoit déniaiser. Je ne vous rends point Compte des autres, qui ne regardent point Villon : mais, je crois vous faire plaisir de vous avertir, que les trois Ballades,
par

par lesquelles on termine le Volume (*a*) méritent votre Attention. La prémiere des trois peut être du Tems de Villon ; mais, les deux dernieres, qui me semblent exquises, doivent être bien postérieures ; & c'est de quoi, outre le Langage & la Délicatesse, il paroit que la Régularité, avec laquelle les Rimes masculines & féminines sont distribuées, ne laisse pas lieu de douter.

Après vous avoir fait le Détail des *Poësies de* Villon, ce seroit ici le Lieu de vous parler de leur Caractere, & de ce qui en fait le principal Mérite. Mais, le Goût que vous avez pris pour le peu de Pieces de sa Façon qui vous sont tombées entre les Mains, marque assez combien vous êtes au Fait sur cet Article. Vous pouvez vous en tenir par avance à l'Idée que vous avez conçue de ce Poëte, d'autant plus que vous trouverez dans toutes ses Poësies le même Air de Gentillesse & de Beauté naturelle, qui vous a si agréablement saisi dans celles que vous avez déjà lûes. Car, il est beaucoup plus égal, & plus soutenu, que Clément Marot, dont il y a plus de la Moitié des Ouvrages, qu'il faut laisser, & qu'on ne lit jamais, parce qu'il seroit impossible d'en soutenir la Lecture : au lieu qu'il n'y a pas un Couplet de huit Vers dans Villon, où l'on ne rencontre quelque-chose qui fasse Plaisir. Tout y coule de Source, & est manié avec un Badinage fin & spirituel, soutenu par des Expressions vives & enjouées, qui reveillent le Lecteur, & lui donnent de l'Esprit à lui-même. Si vous y faites Attention en lisant ses Oeuvres, vous reconnoitrez aisément,

___
(*a*) ou la II Partie.

Monsieur, que son Vers a le Tour, tel que le demande la Poësie, & ne tombe jamais dans le Ton prosaïque. Chaque Vers fait un Sens complet; & il est rare, que l'un enjambe sur l'autre. Je vous avoue, que, pour moi, toutes les fois que je le lis, je suis toûjours surpris de trouver son Vers aussi formé qu'il l'est. Il falloit qu'il eût un Goût de Poësie bien naturel, pour avoir si bien réüssi dans un Siecle où elle étoit encore très brute, comme il est aisé de le juger par les autres Pieces qui nous restent de ce Tems-là (*a*).

Son Langage, quoique suranné par rapport à plusieurs Termes, ne l'est presque point pour le Stile. C'est ce qu'a bien observé feu Mr. Patru, Connoisseur si intelligent dans les Beautez de notre Langue, & ce qui lui a fait dire dans ses Remarques sur celles de Vaugelas, que *Villon, pour la Langue, a eu le Goût aussi fin qu'on pouvoit l'avoir en ce Siecle*, c'est-à-dire, qu'on pouvoit l'avoir aujourd'hui. Sa Rime,

avec

―――――――――――――――――――――

(*a*) On souscrira sans peine à cet Eloge de Villon: mais, on desapprouvera sans doute, qu'il soit ainsi fait aux Dépens de Marot: & l'on trouvera peut-être, que ce Trait injurieux peu équitablement lâché contre lui, procede de ce même Esprit de Parti, qui portoit ci-dessus page 22 le Pere du Cerceau à chicaner si mal-à-propos Pasquier: &, page 14, à enlever si injustement à Marot, bon Poëte, mais Hérétique, l'Introduction du *Stile Marotique*, pour l'accorder gratuïtement à Villon, Voleur insigne, mais Catholique; & cela, contre la Désignation expresse du Nom propre, & malgré le Témoignage exprès & unanime de tous les Auteurs.

avec cela, est presque toûjours fort riche *(a)*:
&

(a) Le Pere du Cerceau, Poëte lui-même, & Poëte qui se piquoit d'Exactitude & de Régularité, exceptoit sans doute, de cet Eloge trop général, les Rimes suivantes, & ne leur accordoit point apparemment cette Richesse si essencielle à la Poësie.

Seine. *Essoyne.* }	Petit Testament, Huitain XXII.
Jacob. *Trop.* }	Grand Testament, Huit. VIII.
Masles. *Charles.* }	Huitain IX.
Fuste. *Fusse.* }	Huitain XVIII.
Dyademe. *Ame.* *Femme.* }	Huitain XXXVIII.
Grenobles. *Dolles.* }	III Ballade, Huitain III.
Reynes. *Regnes.* *Rennes.* }	Huitian XLI*.
Soif. *Oef.* }	Huitain LXI.
Prophetes. *Fesses.* }	Huitain LXX.
Promesse *Face ce* *Messe.* }	VII Ballade, Huitain II.

Boystes

& il s'en faut bien, que l'on soit dans ces derniers Tems, auſſi curieux de cette Perfection, que l'a été Villon, & les bons Poëtes François qui l'ont ſuivi. J'entends dire tous les jours, qu'il ne faut pas s'aſtreindre ſi fort à la Recherche & à la Richeſſe de la Rime; que c'eſt une Servitude, qui fait ſouvent Tort à la Beauté & à la Force de la Penſée: Maximes de Gens, qui n'ont point d'Oreille en fait de Poëſie, & qui n'en ont jamais ſenti l'Harmonie. Pour moi, je tiens la Richeſſe de la Rime ſi eſſentielle à la Poëſie Françoiſe, que je ſuis perſuadé qu'elle dépérira, à meſure qu'elle viendra à s'affoiblir de ce Côté-là.

Je regarde Villon comme celui, qui, le prémier, nous a donné le bon Ton ſur ce Point:
&

Boyſtes.
Crettes. } Huitain C.

Bible.
Evangile. } Huitain CXXXIII.

Egyptiennes.
Caſtellanes. } XIV Ballade, Huitain II.

Toulouzanes.
Lorraines. } XIV Ballade, Huitain III.

Eſtroitte.
Diſette. } Huitain CXXXVII.

Bouche.
Reproche. } VII Piece, page 98.

Salut.
Suc. } II Ballade du Jargon.

& je le regarde aussi comme le Pere de nos bons Poëtes en fait de Poësie enjouée. C'est lui, qui a formé Clément Marot, & ce que nous avons eu de meilleur en ce Genre-là. Feu Mr. de la Fontaine le connoissoit bien: il avoit trouvé à profiter dans ses Oeuvres; & je suis persuadé, que, pour la Gentillesse & la Naïveté, il en avoit plus appris de Villon, que de Marot même.

Voila, Monsieur, tout ce que j'ai pû puiser d'Anecdotes sur Villon dans ses propres *Oeuvres*. Vous les auriés sans doute démélées par vous-même dans la suite : mais, il vous en eut nécessairement coûté plus d'une Lecture pour rassembler & réünir tous ces Traits dispersés & égarez, pour ainsi dire, dans des Coins de Vers. Ce vous sera toûjours une Avance, d'être au Fait dès la prémiere Lecture que vous en ferez; & d'avoir d'abord la Clef de certains Traits, qui, sans ce Secours, pourroient avoir quelque Obscurité.

Je ne vous ai rien dit de la Mort de Villon, parce qu'on ne sçait pas précisément dans quel Tems il mourut. A l'égard du Lieu, il y a tout lieu de croire, que ce fut à S. Maixent en Poitou, où, selon le Témoignage de Rabelais, il s'étoit retiré sur ses vieux Jours, & où il vivoit, dit-il, *sous la Faveur d'un Homme de Bien, Abbé dudit Lieu*. C'est Dommage, qu'il n'ait pas autant travaillé depuis l'Age de trente Ans, qu'il avoit fait jusques-là. Le Recueil, que je vous envoïe, seroit bien plus gros qu'il n'eſt : & il eſt difficile de lire ce qui nous reſte de lui, ſans ſentir quelque Regret de ce qu'il ne nous en reſte pas davantage.

TABLE DES PIECES

DE CETTE TROISIEME PARTIE.

I. Lettre Critique ſur la nouvelle Edition des Oeuvres de Villon, faite à Paris en M. DCC. XXIII, tirée du Mercure de France, Février M. DCC. XXIV. Page 1-10.

II. Lettre Critique à Mr. de ***, en lui envoïant la nouvelle Edition des Oeuvres de François Villon, par le Pere du Cerceau. 11-90.

www.ingramcontent.com/pod-product-compliance
Lightning Source LLC
LaVergne TN
LVHW050639090426
835512LV00007B/934